好父亲

培养儿子的

63个关键的

这个世界对于你来说，
有太多的未知等着你去探索，
你会遇到各种各样未知的东西，危险或者收获，
这个过程是你必须经历的，
爸爸希望能够帮助你远离一些危险，
多一些收获。

刘 川 ◎编著

中国华侨出版社

图书在版编目（CIP）数据

好父亲培养儿子的 63 个关键 /刘川编著 . —北京：中国华侨出版社，2014.5

ISBN 978 - 7 - 5113 - 4583 - 7

Ⅰ. ①好…　Ⅱ. ①刘…　Ⅲ. ①男性 - 家庭教育　Ⅳ. ①G78

中国版本图书馆 CIP 数据核字（2014）第 083122 号

● 好父亲培养儿子的 63 个关键

编　著/刘　川

责任编辑/文　蕾

封面设计/智杰轩图书

经　销/新华书店

开　本/710 毫米×1000 毫米　1/16　印张 18　字数 220 千字

印　刷/北京溢漾印刷有限公司

版　次/2014 年 7 月第 1 版　2014 年 7 月第 1 次印刷

书　号/ISBN 978 - 7 - 5113 - 4583 - 7

定　价/32. 00 元

中国华侨出版社　　北京朝阳区静安里 26 号通成达大厦 3 层　　邮编 100028

法律顾问：陈鹰律师事务所

编辑部：(010) 64443056　　64443979

发行部：(010) 64443051　　传真：64439708

网　址：www. oveaschin. com

e- mail：oveaschin@ sina. com

前 言

　　前一段时间看到一篇报道，说是临床医生发现，与父亲接触较少的儿童，在身高、体重、动作等方面，都不及与父亲正常接触的儿童，并且患病的几率相比后者也要更高一些。其原因在于，在与儿童的心理交往上，父亲与母亲的方式是不同的。

　　仔细想想真是这样，孩子在我和他妈妈那里所得到的认知上的收获，的确有所不同。在儿子的成长过程中，他在妈妈那里学到的更多的是语言、日常生活知识、经验及动手操作能力，而在与我的接触过程中，他学到的更多的则是怎样去认知客观世界。可以说作为父亲，我一直扮演的，是激发儿子的求知欲、好奇心、自信心及兴趣爱好的教育角色。

　　从儿子的个性养成上看，妈妈赋予他的，更多是女性特征，诸如关心、体贴别人，富有同情心，行为细腻等，而作为父亲的我，则一直在承担着教会他独立、果敢、坚强、宽厚的责任。譬如儿子小时候，有时想试着从床上向下跳，他妈妈忙上会奔过来说："儿子别跳，危险！"而作为父亲的我遇到这种情况，则会笑着对他说："没关系的，试试看。"也许孩子向未知挑战的精神，就在这一瞬间被激活了。

　　显而易见，孩子身上与生俱来的男性气质是每一位爸爸都不能

忽略的。作为父亲，我们要了解儿子成长过程中的每一个不同阶段，培养他拥有积极正面的品质，并且引导他去学习最适合的知识和经验，要尽自己的最大努力去陪伴儿子、影响儿子，引领他成长……我相信，很多年后，作为父亲，你将为此而收获骄傲。

毫无疑问，每一位父亲都希望自己的儿子能够成长为一个优秀的男人，所以我们必须从现在做起，少一点忙碌，多一些陪伴，少一分责备，多一点理解。不得不强调的是，"理解"，这是我们与儿子相处时非常重要的一个词汇，换而言之，我们不仅要让孩子理解我们的想法、理解这个世界，同时也要学着让我们自己真正去理解孩子。

我编写此书，就是希望与所有的父亲共同交流育子心得，如果我们都能扮演好儿子成长路上的导师角色，那么他们每一个人将来都会成为你的骄傲。

目 录

第一章　　记住，品德永远比分数更重要

　　儿子，爸爸希望你能认识到这样一个问题：一个人的价值与能力之间究竟有着怎样的联系？这个时候你开始接触到这个社会乃至整个人类群体中最重要的东西——道德和自我约束。你的知识和能力好比是船，而道德就像水，只有在水的承载下，你的能力和价值才能真正得到体现和升华。

1. 记住，品德永远比分数更重要 / 2

2. 学会管理自己，不要给别人留下散漫的印象 / 7

3. 无论何时何地，你都要学会说"谢谢" / 11

4. 做一个有责任感的男子汉 / 15

5. 看到你的同情心，爸爸很高兴 / 20

6. 打球打输了不要埋怨，因为那是公平的竞争 / 24

7. 儿子，爸爸希望你成为一个正直的男子汉 / 28

8. 看到你开始学着关心父母，爸爸真替你感到高兴 / 32

第二章　你身边的每个人，都是你人生的一部分

　　要成为一个真正的男子汉，不仅需要坚强，更需要爱。爸爸希望你能学会去爱你身边的人，家人、朋友，甚至是心怀善意的陌生人，你要从中汲取情感的力量，要学会在爱中去思考、去收获。你身边的每一个人都是你人生的一部分，当你老去，你的智力和能力会减退，唯有情感会愈久愈深。

9. 亲和力可以帮助你赢得更多的朋友和支持 / 38

10. 爸爸不能呵护你一辈子，幸福与苦难都是你必须经历的 / 41

11. 无论何时何地，都不要让冷漠入住你的心灵 / 45

12. 做情绪的奴隶，还是做情绪的主人，你自己选 / 49

13. 忘掉那些挫折吧，英雄都是从失败的废墟上站起来的 / 53

14. 对异性的好感是男孩儿的天性，不要因此而内疚 / 57

15. 学会乐观地面对生活，你才会快乐起来 / 61

16. 男子汉要承担起自己的使命，加油儿子 / 64

第三章　儿子，你是小小男子汉

也许这个世界远比你想象的复杂，当你渐渐意识到这一点时，也许你会犹豫，甚至因为害怕而止步不前。但是爸爸想要告诉你的是：没有任何成功可以轻而易举地取得，坚持努力，勇敢面对，才是你应该有的态度。

17. 从哪里跌倒，就从哪里爬起来／70

18. 这次由你自己去付账，好不好／74

19. 你看，这件事情连爸爸做起来也不那么轻松／79

20. 每天晚上记得算一算今天浪费了多少时间／83

21. 想清楚了，就按照你的想法去做吧／87

22. 别害怕，爸爸相信你一定能做到的／91

23. 坚持努力，爸爸坚信你将会成为了不起的人／96

24. 要记住，每个人都有值得你学习的地方／100

第四章　　爸爸陪你去探索

　　儿子，这个世界对于你来说，有太多的未知等着你去探索，你会遇到各种各样未知的东西，危险或者收获、苦难或者幸福，这个过程是你必须经历的，爸爸希望能够帮助你远离一些危险，多一些收获。

25. 爸爸知道你喜欢冒险，但是一定要保护好自己 / 106

26. 每次记得把你玩过的玩具收好，自我约束是对自己负责 / 111

27. 不要挑食，那样会妨害你的成长 / 116

28. 你看，你越着急越乱 / 120

29. 发脾气之前，试着去控制你的情绪 / 125

30. 儿子，别那么酷，陪老爸聊聊怎么样 / 130

31. 骂人这件事，羞辱的不是别人而是自己 / 135

32. 别让好奇心毁了你的青春期 / 139

33. 玩是你的天性，但是不要沉迷于任何游戏 / 144

第五章 如果你走得辛苦，那是因为你在走上坡路

随着成长，也许你渐渐发现，这个世界远比你想象的要复杂，你要承担压力，要学会自己作决定。在这个过程中，爸爸会努力把自己的人生经验传授给你，也许你会觉得辛苦，但是要记住一句话："如果你觉得走得很辛苦，那说明你是在走上坡路。"

34. 当个小男子汉，想要的东西主动去争取 / 150

35. 别担心，第一次谁都是这样的 / 154

36. 劳动其实是一件充满快乐的事情 / 158

37. 这个世界上没有奇迹，只有勤奋 / 163

38. 不要惧怕压力，那其实是你的动力 / 167

39. 试试看，这个问题由你自己来解决 / 171

40. 要知道，学会细心才能做好任何事情 / 174

41. 如果你实在完不成，记得告诉爸爸 / 178

第六章　你是男孩子，不要在困难面前哭鼻子

随着人生阅历和社会经验的丰富，你的朋友会越来越多，你的社交圈子会越来越广，爸爸想告诉你：与人交往也是一种能力，甚至是一门艺术。如何与身边的人相处不是一件小事，而是关系到你人生进程的一件大事。

42. 坦荡做人、坦诚待人，会让你拥有更多朋友 / 184

43. 无法改变环境的时候，学着去改变自己 / 188

44. 让你赢得欢迎的不是拳头，而是微笑 / 192

45. 不要轻易去怀疑你身边的人 / 196

46. 与人相处最重要的是学会将心比心 / 200

47. 对于那些挑剔你的人，要学会心怀感激 / 204

48. 你是男孩子，不要在困难面前哭鼻子 / 208

49. 与人交往一定要记住一句话：吃亏是福 / 211

第七章

你要记住：

这个世界上只有自己可以成就自己

随着你的不断成长，很多时候爸爸再也无法帮你，只能作为你的坚强后盾，在你身后默默地看着你、鼓励你。没有人可以替你去努力，也没有人可以替你去吃苦，同样，你的收获也不会被任何人夺走。你终会明白：能够成就你的，只有你自己。

50. 对于未来，只要你想清楚了就可以自己做主 / 216

51. 对于这个社会你还太幼稚，太多的东西需要你去历练 / 220

52. 勇敢一点，再糟糕的局面也没什么大不了的 / 224

53. 既然是你自己的选择，就要对自己负责 / 229

54. 信心是什么？就是从不轻言放弃 / 233

55. 陷入困境之时不要企图去依赖任何人 / 237

56. 做任何事情都要有始有终 / 241

57. 一定要坚信自己是与众不同的 / 245

第八章　孩子，永远不要停止求知的脚步

　　学习对于一个人来说，应该是贯穿一生的主题。虽然爸爸看着你面对繁重的学习任务也会心疼，但是一个人一生中没有哪个阶段可以像你现在这样拥有如此多的学习机会和时间，把握它们，努力地充实自己吧！

58. 做事情要有计划，学习更是如此 / 250

59. 如果你能够提出新的问题，我就会奖励你 / 254

60. 在这门课程上，你简直是个天才 / 258

61. 你这么聪明，成绩一定会上去的 / 263

62. 儿子，在爸爸心里，你永远是最棒的 / 267

63. 遇到问题，一定要思考、思考、再思考 / 271

第一章
记住，品德永远比分数更重要

　　儿子，爸爸希望你能认识到这样一个问题：一个人的价值与能力之间究竟有着怎样的联系？这个时候你开始接触到这个社会乃至整个人类群体中最重要的东西——道德和自我约束。你的知识和能力好比是船，而道德就像水，只有在水的承载下，你的能力和价值才能真正得到体现和升华。

1.

记住，品德永远比分数更重要

儿子，今天爸爸想跟你谈的是品德。如今的教育环境，让"分数"这个词成为了大多数老师、学生甚至家长头上的魔咒，所有的一切似乎都要围绕着"分数"这个东西来打转。不知不觉，这种思维对你的影响已经相当深了，你想要某样东西的时候，你会说："我上次某某课都考了多少多少分了，你快给我买吧。"不想做家务的时候，你会说："我都考了多少多少分了，学习已经很辛苦了，家务我就不做了。"等等，这样的言论在家里出现的频率越来越高。爸爸听在耳朵里，急在心里。要知道，分数不是一切，一个人所拥有的知识远没有他所具备的品德重要，所谓"德才兼备"，"德"始终排在"才"的前面。

爸爸首先要给你解释"分数"与"品德"之间的关系。分数其实代表的就是一个人所拥有的才华，包括理论知识，科学管理知识、综合分析问题、解决问题的能力，以及实际工作中的谋划能力、决断能力、指挥协调能力和创新能力等。通常人们所说的人才则是指那些在社会的各行各业中具有一定专门知识，具有解

决实际问题的能力，并在改造自然和社会中对人类的物质文明和精神文明有能力做出某种较大贡献的人。人们在赞扬一个人的时候，经常会用到"德才兼备"这个形容词，说明完美的人才是同时具有很高的品德素养和才华的。

而品德可以看作是那些社会为了调整人们之间的及个人和社会之间的关系所提倡的行为规范的总和。它通过社会舆论、教育以及人与人之间关系中潜移默化的传承，让人们在内心建立起荣辱、善恶、正义与非正义等概念，并且形成长期的习惯和传统，从而指导和制约人们的行为。品德和法律不同，它不具有强制性。品德本身具有一种自律和内化的行为，是以必要的个人利益的节制和牺牲为前提条件的。

很多时候，人们把个人的品德水平的提高寄希望于学识的增长上，所谓"知书达理"的说法便是例证。"知书"真能"达理"吗？"人才"二字误导了许多人。人们总是喜欢有才的人，而疏忽了有德之人。其实，这也是人之常情。不妨想想，不少有才的人口齿伶俐、办事利落，讨人喜欢；有德的人总是坚守原则、固守本分，令人心生几分敬畏。讨人喜欢的人自然容易亲近，令人心生敬畏的人自然也容易被疏远。而在《资治通鉴》中，有一段很值得我们现代人思考的论述，翻译过来就是："德才兼备称之为圣人；无德无才称之为愚人；德胜过才称之为君子；才胜过德称之为小人。挑选人才的方法，如果找不到圣人、君子来辅助自己，与其得到小人，不如得到愚人。为什么呢？因为君子持有才干来做善事，而小人持有才干来做恶

事。持有才干做善事，能无善不为；而凭借才干作恶，就无恶不作了。愚人即使想作恶，因为智慧不济，气力不胜任，好像小狗扑人，人还能制服它。而小人的心机足以使他的阴谋得逞，他的力量又足以施展他的暴虐，这就如恶虎长了翅膀，他的危害难道不大吗！"虽然这是近千年前的观点，但放到今天，依然是真理。

爸爸给你讲一个真实的故事吧。12 年前，有一个小伙子刚毕业就去了法国，开始了半工半读的留学生活。渐渐地，他发现当地的公共交通系统的售票处是自助的，也就是你想到哪个地方，根据目的地自行买票，车站几乎都是开放式的，不设检票口，也没有检票员，甚至连随机性的抽查都非常少。他发现了这个管理上的漏洞，凭着自己的聪明劲儿，他便经常逃票上车。他还找到了一个宽慰自己的理由：自己还是穷学生嘛，能省一点是一点。

4 年过去了，名牌大学毕业的他频频到一些大企业、大公司应聘，结果却都是被婉言相拒。一次次的失败，使他愤怒。最后一次，他冲进了某公司人力资源部经理的办公室，要求经理对于不予录用他给出一个合理的理由。然而，结果却是他始料不及的。下面的一段对话很令人玩味。

"先生，我们并不是歧视你，相反，我们很重视你。老实说，从工作能力上，你就是我们所要找的人。"

"那为什么贵公司会拒绝我？"

"因为我们查了你的信用记录，发现你有 3 次乘公车逃票被

处罚的记录。"

"我不否认这个。但为了这点小事，你们就放弃了一个多次在学报上发表过论文的人才？"

"小事？我们并不认为这是小事。我们注意到，第一次逃票是在你来我们国家后的第一个星期，检查人员相信了你的解释，因为你说自己还不熟悉自助售票系统，只是给你补了票。但在这之后，你又两次逃票。"

"那时刚好我口袋中没有零钱。"

"不，不，先生。我不同意你这种解释，你在怀疑我的智商。我相信在被查获前，你可能有数百次逃票的经历。"

"那也罪不至死吧？干吗那么认真？以后改还不行吗？"

"不，不，先生。此事证明了两点：第一，你不尊重规则。不仅如此，你善于发现规则中的漏洞并恶意使用。第二，你不值得信任。而我们公司许多工作是必须依靠信任进行的，因为如果你负责了某个地区的市场开发，公司将赋予你许多职权。为了节约成本，我们没有办法设置复杂的监督机构，正如我们的公共交通系统一样。所以我们没有办法雇用你，可以确切地说，在这个国家甚至整个欧盟，你可能找不到雇用你的公司。"

直到此时，他才如梦方醒、懊悔难当。然而，真正让他产生一语惊心之感的却还是对方最后提到的一句话：品德常常能弥补智慧的缺陷，然而，智慧却永远填补不了品德的空白。

儿子，有句话你听过吗："先做人后做事。"做人是做事的基础，如果连做人都做不好，就难免会做坏事。所以爸爸希望你永

远都能把品德放在第一位，永远都不要以成绩的优秀为功劳来自居。分数是可以量化的，品德却关系到一个人的本质，孰重孰轻，你应该懂得去分辨了吧。

教子小贴士

1. 从最小的事情开始，教会儿子懂得品德的重要性。

让儿子从细节做起，比如不说谎。每一个做父母的都希望自己的孩子诚实正直。但儿童说谎的原因是多种多样的，有些孩子说谎的目的说来天真可笑，有的是因为做错了事以后，为了避免批评和惩罚有意说谎，这些细节都是对儿子进行品德教育的大好机会。

2. 重视社会公德教育。

有些父母对孩子的品德教育只局限在不打架、不骂人、不给家长惹事，就心满意足了。还有的家长对孩子不爱惜公共财物、不遵守公共秩序或孩子玩耍影响邻居的休息等不良行为视而不见。这是错误的做法，无论是在家还是在公共场所，一定要标准统一，才不会给儿子的品德发展造成坏影响。

学会管理自己，不要给别人留下散漫的印象

最近爸爸很是烦恼，因为接到你班主任的电话，班主任对你的意见表达得比较委婉，但还是用了一个爸爸认为挺严重的词：散漫。据说你上课时总是不太安静，跟旁边的小朋友说话，把凳子弄出声响，这都是你曾经干过的。虽然对你的成绩爸爸还算满意，但是这种既影响自己又影响他人的坏习惯，爸爸是很不愿意在你身上看到的。你已经到了学会管理自己的年龄，要学着自我约束，其实什么事情该干、什么事情不该干，你心里都是知道的，只是你在自我管理这方面做得还不足。爸爸希望能够跟你一起找到原因，并且帮助你走出自我管理的这一步，毕竟散漫给别人的印象是很不好的。如果你任由自己散漫下去，无疑会对你的性格形成产生很大的影响，性格的形成是不可逆的，爸爸不希望你在这方面出现任何问题。

对于一个人而言，从幼年到成年是一个漫长的过程。在这个过程中，如果一个孩子缺乏明辨是非的能力和道德观念，不对自己的言行进行适当的约束，任性放纵，想干什么就干什么，就会

导致人格的偏离，影响自身的健康成长，严重者会导致违法犯罪，造成对他人和社会的危害。这不是危言耸听，而是真实存在的问题。爸爸早上听新闻的时候得知，某处海峡翻了一艘客船，死了几十个人，据新闻说，那艘船从出事故到沉没，有 3 分多钟的时间，而正常取用穿戴救生衣具，需时仅两分钟，然而，因为那艘船往返航程短，船上工作人员一向管理比较散漫，平时疏忽于向乘客讲解船上的救生常识，甚至，因为航程短，连必需的救生衣具都不带足……种种因素综合到一起，导致事故发生后，死了几十个原本能够逃生的乘客。

儿子，不要觉得这个事例距离你的生活很遥远，要知道，习惯这个东西是会跟着你一辈子的，一旦你养成了散漫的习惯，今后你无论做任何事，都会受到这个坏习惯的影响。爸爸希望能够教你认识现实生活中的真、善、美、恶、丑，然后，让你明白为什么要这样，明白了这些，你就会知道，散漫对于一个人的影响有多坏，而自我管理和坚强的意志对于一个人的发展帮助有多大。

爸爸之前在你的学校曾经认识一位很特别的母亲，她跟爸爸讲过她是如何来训练孩子的意志和品质的：她每天接送孩子都要经过一条铺着黑色地板砖的小路，他的儿子很喜欢办班级板报，常常会剩下一些彩色粉笔，他喜欢拿着这些粉笔在他喜欢的地方练写粉笔字。每天放学经过这条铺着黑色地板砖的小路，他都想在地砖上写写字，可是那里是公共环境，不允许乱写乱画，这位母亲每次都会认真教育他的儿子，晓之以理，告诉他那里为什么

不能乱写，让他约束好自己。有一天，这位母亲故意迟了一些来接儿子，她悄悄藏在小路旁边的一棵大树下，她想考验一下儿子一个人路过那里时的表现。结果呢，他的儿子经过那条小路时并没有在地砖上写字，于是她就对儿子进行了奖励。通过这种训练，孩子的意志品质和自控能力都有了明显的提高，爸爸从这位母亲身上受到了很大启发，原来散漫这种习惯并不少见，而且是可以通过训练去改善的。

曾经有一位教育学家说过："父母是孩子人生的第一任老师，他们的每一句话、每一个举动、每一个眼神，甚至看不见的精神世界，都会给孩子潜移默化的影响。"在孩子面前，家长的表率力量不可忽视，如果我们想要孩子有控制自己的能力，家长就应该有良好的约束自己言行、情绪的能力。父母不能只看到孩子身上存在的问题，而应该主动改变自己的教育方法，以更多的好习惯影响自己的孩子。培养孩子的自我约束能力必须持之以恒，唯有经过日久天长的行为约束，方能使孩子在被动的受制约过程中逐渐养成主动自我约束的习惯。

当然也要注意教育的方法，很多爸爸热衷于传统的"你应该做什么，不该做什么；你这样做不对……"的教育方式，让许多孩子只懂得被动地接受管束，却缺乏自我约束的意识，一旦脱离了家长的管理，就会出现种种问题。随着孩子年龄的增长、能力的提高、活动范围的扩大，自我约束越来越重要。据介绍，自我约束包括情绪的自控力、计划的执行力和学习的控制力等。对于每一个孩子来说，养成自我约束的习惯都是至关重要的，比如孩

子们在假期里拥有了很多无人监管的空余时间，如果没有一定的自我约束能力，很容易出现各种问题。这最考验孩子的自我约束能力。假期不仅是孩子放松的时候，更是让孩子学习自我约束的好时机。古人云"君子慎独"，自我约束对于成人尚且是个考验，对孩子来说就更不容易，不过一个人一旦学会了自我约束的方法，不管是学习还是未来的成长，都有非常大的帮助。

独生子女的通病是生活、学习独立性差，缺乏自我管理能力。这都是孩子在从小到大的生活学习中父母一味包办的结果。对于孩子来说，如果生活中的一切都要由父母来安排、来料理，最终的结果只会是：只要父母一放松管理，没人督促，孩子就放弃，很多孩子的作业到第二天上学时才发现没做完；假期快开学了，父母还在为孩子的假期作业发愁。这种"包办型"的家长不妨问一问自己："用这样的方法对待孩子，靠盯着孩子，不停地催促让他学习，我能盯、能催促到何年何月？待他长大一些，我拿他怎么办？"

教子小贴士

1. 不要觉得儿子小，要从小灌输给孩子正确的价值观念。

自我管理需要具备两个条件，价值观的建立和自制能力的建立。价值观就是一个人赞同和认可社会规范、道德准则所赞同的观念，并以此约束自己。自制能力则是有意识地多接触各种规则，如游戏规则、交通规则等，从而让孩子明白该如何去约束自己的行为。

2. 培养儿子的自我管理能力要从日常生活的小事情做起。

父母教育孩子必须抓住每一个小环节，告诉孩子什么是对的、什么是错的。孩子的心灵是脆弱和敏感的，不要觉得他们是小孩，什么也不懂。日常生活中的每一个细节对孩子的成长来说，可能都是大事。从小事做起，长期坚持，从根本上触动孩子思想的神经，才能帮助他形成正确的习惯。

无论何时何地，你都要学会说"谢谢"

今天爸爸带你和姑姑家的表弟出去玩，你们两个小家伙一路打闹，乱得不成样子，那会儿突然迎面来了一辆自行车冲着你们就去了，爸爸还没来得及反应，只见你表弟一个转身，迅速地就把即将被撞上的你给拉了回来，谁知你竟然回头吼表弟："拉什么拉！很痛啊！"表弟不甘示弱，马上回道："真是不识好人心，要不是我拉你，你早就被撞飞了！"听着你们俩斗嘴，爸爸忽然觉得你身上似乎缺少那么一点点感恩的心态，虽然只是玩闹，但是爸爸却想到了更多，平时确实很难听到从你口中说出"谢谢"这两个字。这并不是个好现象，爸爸希望你能够学会感恩，"谢

谢"这两个字虽然简单，却代表一种人生态度，拥有了感恩的人生态度，你的生命必将变得更加温暖。

爸爸想到了前几天一位朋友所讲的一个故事：一个孩子在家里和妈妈吵架了，愤怒中，他拉开门转身向外面跑，后面气愤的母亲说："出去就不要回来！"这句话让他心中的愤怒到了极点，他一边流泪一边在街上漫无目的地走了许久，眼看着天就快黑了，逐渐平静下来的他这才感觉到肚子饿了，这时候气温也降了下来，他又冷又饿，不知道该怎么办。这时候他看到前面就有一个面摊，冒着热气的汤面对饥肠辘辘的孩子来说实在太具有诱惑力了，可是他摸了摸口袋，没有半毛钱。面摊的老板是一个和蔼的阿姨，看到他站在路边就问他："孩子，你是不是想要吃面？"他有些不好意思地回答："对不起，我忘了带钱。""没关系，我请你吃。"阿姨看了看他说，其实这个阿姨看他的样子已经基本猜出来是怎么一回事了。

过了一会儿，面端上来了，孩子很感激地端起碗吃了起来。"你怎么这么晚还不回家啊？"阿姨看着他问。听到这样的关心询问，孩子哭着说："阿姨，我妈妈要是像你一样就好了。"

阿姨笑了笑问他："为什么？"

孩子一边擦眼泪一边说："你不认识我，却对我这么好，我没带钱，你还请我吃面；可是我妈，她和我吵架，竟然把我赶出来，还说再也不要我回去了！"

阿姨听了，说道："孩子，你怎么会这么想呢？你想想看，我只不过给了你一碗面，你就这么感激我，可是你妈妈养了你10

多年，每天为你洗衣做饭，你怎么不感激她？竟然还和她吵架？"

孩子一下愣住了，阿姨的这番话让他一下子明白了许多，他急忙放下筷子跟阿姨道别，然后往家的方向跑去。当他走到家附近时，看到焦急的妈妈正在路口四处张望，孩子的眼泪又开始掉下来，他扑到妈妈的怀里，这时他发现妈妈的眼里也含着泪……

如今的这个社会，有越来越多的孩子过着饭来张口、衣来伸手的日子，太多的孩子对于这些关心和付出变得麻木起来，他们无法得知这些伸手可得的事物是通过如何艰辛的历程而来，也不会真正去关心和留意这个，似乎一切都变成理所当然。然而，这个世界上只有那些懂得感恩的人才能明白幸福的所在，所以，我们只有从小培养孩子懂得感恩的心，才能让孩子每一刻都过得幸福。

什么是感恩之心？感恩是一种心态，是一种生活态度，是一种精神境界，更体现了一个人的世界观。感恩，体现了一个社会中人与人之间交往的准则，也是人与人之间一种凝聚力的内核。因此，无论是在我们的家庭生活中，还是在平时的工作中，我们要学会感恩父母、感恩亲人、感恩社会、感恩自然、感恩地球，我们家庭中的每个成员都应该拥有一颗感恩之心。无论社会如何发展，人类现代文明如何进步，家庭始终都是社会的一个基本单位，每一个家庭成员在整个社会大家庭中，其力量是微不足道的。人类只有相互依赖、相互支撑、相互帮助才能更好地生存在这个地球上。

现在的社会越来越冷漠了，连带地也影响到教育事业。在以前物质较为贫乏的年代，大家比较懂得感恩，孩子会在收到礼物时开心地向父母说谢谢，学生会在教师节时亲自做卡片给老师，

父母会感谢老师平常给孩子的教导……但是现在的孩子常常不知道感恩，最大的原因是，他们的物质生活很容易就得到满足，所以他们觉得这一切都是理所当然的。

我国古代思想家墨子曾提出："兼相爱，交相利。"是说只有大家相互关爱，才会有真正的利益分享。即"我爱人人，人人爱我"，达到"共生"与"双赢"。这其实就是一个向大自然效法的理论，说明人们很早就已经发现了大自然运行生生不息的精髓所在。无独有偶，西方也有一个互惠关系定律，其核心也是"学会感恩"。它认为"成功的第一步就是要先存一颗感激之心"。时时对自己的现状心存感激，同时也要对别人为你所做的一切怀有敬意和感激之情，及时地回报别人的善意且不忌妒他人的成功，不仅会赢得必要而有力的支持，而且还可以避免陷入不必要的麻烦。其实人际关系就是善意关系。爱默生说过："人生最美丽的补偿之一，就是人们真诚地帮助别人之后，同时也帮助了自己。"及时回报他人的善意，且不忌妒他人的成功。因为一般来说，被别人忌妒的人应该不会是弱者，以"一报还一报"的心理，他也不会对你太客气。

其实，我们也常常犯这样的错，那就是对别人给予的小恩惠感激不尽，却对亲人的恩情视而不见，这可以说是现代家庭教育的遗憾。由于父母无微不至地呵护与关爱，所有事情都不让孩子亲自去做，在孩子潜意识里就形成了这样的观念：父母为他所做的一切都是应该的，不需要回报，因此他们也就不懂得感激父母。

教子小贴士

1. 感恩的心也需要经过教导才会产生。

爱孩子，就应该在你忙的时候，让孩子帮你做些家务；在你累的时候，让孩子为你捶捶背；在适当的时候，让孩子做些力所能及的事。让孩子从平常的生活小事中感觉到你对他的爱，也因此而爱你，在爱中领略被爱。

使感恩升华为思想教育，告诉孩子为什么要感恩、应该如何去感恩。通过正面的影响让孩子懂得如何去做、如何感恩。让孩子学会感恩身边所有的人。当邻居帮了自家一个小忙，一定要带着孩子上门道谢，让孩子懂得对别人给予自己的帮助、情谊和恩惠应当感谢。

做一个有责任感的男子汉

儿子，爸爸今天要跟你谈的是"责任感"这个东西。平常我们都说，做人得要有责任感，要承担责任和义务。这是一句从人开始懂事起就能经常听到的教诲的话。个人需要责任感，社会也

需要责任感。没有文明，人类就没有道德，没有责任感的道德就是虚伪的。简而言之，责任感就是个人对自己应该负责任的一种认识和自我约束，是个人辨别是非善恶的内在标准。责任感实际是一个人的道德标准和价值观念、一个人判断事物的正确与错误的底线。的确，积极的责任感比任何东西都可贵。没有责任感的人等于一无所有。爸爸希望你将来能够成为一个真正的男子汉，而责任感是一个男子汉所必须拥有的，它代表着很多东西，比如善良，比如诚实，比如执着，这些都是你必须要具备的品质，爸爸希望你从小就能够明白这些。

责任感是什么？对孩子来说，责任感就是不说假话，诚实、善良、关爱、尊重他人、感恩父母，在成长的过程中，孩子要学会怎样去判断一件事的正误，明白什么事该做、什么事不该做。对于男孩而言，最重要的品质就是责任感，一个缺乏责任感的男人会遭到别人的轻视。爸爸希望能够从小培养你的责任感，因为作为一个男孩子，注定要承担更多的东西。

我曾经看到过一个发生在美国的小故事，颇受启发，我们不妨来看一看一个美国家长是如何培养自己儿子的良心和责任感的。说是有一个11岁的美国男孩踢足球时，不小心打碎了邻居家的玻璃，邻居向他索赔12美元。那是在20世纪20年代，在当时，12美元可是笔不小的数目，足可以买100多只生蛋的母鸡。男孩没有办法，只好去向父亲承认错误，请求父亲的帮助。然而，父亲却斩钉截铁地说，男孩必须对自己的过失负责。

"我哪有那么多钱赔给人家？"男孩非常为难。

"我可以借给你。"父亲拿出 12 美元，"但一年之后你必须还我。"于是，男孩开始了艰苦的打工生活。经过半年的努力，终于挣够了 12 美元这一"天文数字"，还给了父亲。这个男孩就是日后的美国总统里根，他在回忆这件事时说："通过自己的努力来承担过失，使我懂得了什么是责任。"

儿子，爸爸希望你能够明白，责任不需要整天挂在嘴边，这是一种意识，我希望你明白，在遇到事情的时候必须承担后果。男孩从小学会担当，长大了自然就会有责任心。在这一点上，我们应该向里根的父亲学习，通过一些平凡的小事培养孩子的"担当"品质，让孩子意识到"担当"的重要性。

你记得吗？小时偶有一次，你发脾气把图画书扔在地上，爸爸就故意自己不捡，也不要别人捡。——如果你当时不肯捡也没关系，就让书放在地上好了。很快你就把刚才的事忘得一干二净，缠着爸爸讲故事，爸爸说："你不是把书扔了吗？爸爸不能给你讲了。"你这时才开始着急，赶紧自己把书捡起来。以后的日子，你知道了扔书的结果是听不成故事，还得自己再捡，就不再随便扔了。每次爸爸逼着你把你自己的东西收拾好才能玩时，你一定在心里抱怨爸爸，但我之所以不帮你，就是想用行动让你明白一个词——责任。所谓"责任"，说起来非常简单，对你来说就是自己做好该做的事情。可是真的要做到负责任，那是相当不容易的，毕竟许多事情做起来很烦琐、很累人，也很耗费时间。但无论如何，你要做下去，因为，这个社会需要的正是负责任的人。

"责任感"应该作为一种品质植根在男孩的心灵。人们喜欢

说"勇于承担"，其实，"承担"如果与勇气挂钩，就被忽略了其作为品质的根本。因为在一些特殊的关头，只有品质才会跨越思考的界限，自然而然地发挥作用。尽管你还是个孩子，但属于你的责任也不少：回家后，认真做好作业是你的责任；临睡前，自己洗澡是你的责任；随着你慢慢成长，照顾日渐年迈的爸爸妈妈也是你的责任……无论日后的环境如何变化，我对你的要求始终如一：一定要成为一个负责任的人。

　　一个在生活中对家庭、对他人负责任的人，才会让人相信。同样，一个对社会、对事业负责任的人，才会不断努力进取，事业有成；一个对国家、对他人负责任的人，才会去奋斗、去献身，才会得到人们的尊敬。培养孩子的责任心，首先要让孩子对他所说的话负责任，对他所做的事情负责任。对孩子讲："言必信，行必果。"说话要讲信用、负责任；做事要果断，要能担当，这样的人才是有责任感的人。所以，从小要培养孩子说话算数，自己做事自己当。除此之外，还要尽早地让孩子做他力所能及的事，自己的事情自己做，承担适当的家务劳动，为家人服务，坚持下去，这是责任心形成的最直接、有效的手段。儿子在这个过程中完成得好，做爸爸的要及时表扬、称赞，给孩子一种赏识的态度，让孩子充分认识自己的劳动、自己的成功。当然，如果儿子做得不好，爸爸更不能着急、生气，要保护孩子劳动的积极性，保护孩子的自尊心，要和他一起分析、讨论问题，寻求最好的解决办法，鼓励孩子重做，父母不要嫌麻烦而包办代替。另外，还要安排孩子做一些简单的社会公益服务工作，这也是培养

孩子有责任心的有效途径。比如，打扫卫生、送一送报纸，教会孩子关心、帮助他人。

当然，如果有些时候儿子表现得并不那么让人满意，我们不妨让他亲身体会一下后果，适当引起他的自责，这也是激发孩子责任感的好方法。当然，这种后果应该是家长能够预见到的，不会造成很大破坏、很坏影响的。目的在于既要让孩子体验成功的喜悦，也要让孩子品尝由于疏忽、不负责任酿成的苦酒。比如，吃饭的时候桌椅没摆好，全家都等着让他纠正；没有带雨伞，只好等雨停了再回家或者淋上一次，等等。

教子小贴士

1. 父亲首先要有责任心和责任感。

对于男孩子来说，父亲自身对家庭、对社会的责任心如何，对孩子来说是一面镜子，父亲的责任心水平可以折射出孩子的责任心。一个对家庭、社会毫无责任感的父亲，不可能培养出有责任心的儿子。

2. 应该有意识地分派给儿子一些力所能及的劳动任务。

在家庭中，让儿子负责打扫卫生、负责为花草浇水等等，与他进行平等的交流，也是培养责任心的一种方式，不但要倾听他的心声、感受，也要同他谈些自己的喜怒哀乐。有时谈谈建设家庭的计划，让儿子多参与家庭的管理。

3. 强调儿子的独立性。

当儿子没认真完成安排的事情时，我们一定不要代劳，比如

代他整理书包、帮助他检查作业等，必须让他重新或继续完成，而不是直接动手将事情办好，这样，儿子才知道如何负责任。让儿子从小就知道，某些人生中的难题必须靠自己努力解决，要勇于面对、勇于负责任，相信自己一定会把事情做好。

看到你的同情心，爸爸很高兴

同情心是一个人应该具备的最基本的东西，这也是爸爸对你最基本的要求。在爸爸心目中，你应该成为一个有爱心、有同情心的人，这其实也是善良的代名词。在你拥有成就、财富等东西之前，你首先应该具备这些品质，这才是爸爸所希望看到的。不过让我欣慰的是，你从小便表现出了你的情感以及爱心，比如看电视会替电视里的人难过，很多时候会替别人着想，等等，这些都让爸爸确信，你将来必定会成为一个具有同情心的人。同情心和爱心是生活中不可或缺的，一个人需要这种情感来让他更加完整，而一个社会同样需要这种情感来变得更加和谐。

儿子，在你小的时候，爸爸和妈妈就经常告诉你，要关心他人、要爱护小动物，等等。或者是利用生活中的事例，或者是一

些反面教材，从侧面教育你关心他人、关心动物。一次，我们遇到一位盲人在拉二胡乞讨，我趁机问你："你看他多可怜呀！大家都在帮助他，你是不是也应该帮帮他呀？"然后就看你很难过的样子，并且很久之后都还记得这件事，说不知道那个盲人怎么样了。这些其实都是你天性中善良一面的表现，爸爸也很愿意看到你表现得善良、有爱心和有同情心。

爸爸曾经看到有一位哲学家说过这样的话："对于一切有生命之物的同情，是对品行端正的最牢固和最可靠的保证。谁满怀这种同情，谁就肯定不会伤害人、损害人、使人痛苦，如果能宽容地对待他人、宽恕他人、帮助他人，那么他的行动将会带有公正和博爱的印证。"这其实是对同情心最为深刻准确的定义。现实中，在崇尚个性自由发展的今天，许多孩子的某些个性也在不适当地膨胀。他们得到了太多的关注和爱，却不懂得怎样去关爱别人。他们往往会以自我为中心，那种对他人漠不关心的表现已经明显地凸显了出来。比如，当看到别的小朋友摔倒了，他们会哈哈大笑；看到路边的毛毛虫，会毫不犹豫地踩踏；看到小花，会顺手采摘……这样的现象是什么原因造成的？我想作为家长首先要从自身找原因。孩子的很多行为正和家长自身的行为有着密切的关系：家长如果对孩子的要求一味地满足、一味地迁就，百依百顺，孩子就会容易养成自私、任性的性格。父母给孩子的爱应该是理性的、有原则的。对于孩子自私、任性的行为，一定要坚决制止。必要的时候，父母也可以表达出自己的生气和不满，让孩子感到自己这样做是得不到肯定和赞扬的。当孩子体会到这

点以后，才会意识到关心他人是会受人称赞、是自己应该这么去做的。

在培养孩子同情心这方面，父母也要从自身做起，有些父母对别人的困难和不幸总是无动于衷，他们不欣赏也不理解孩子的同情行为，怪他多管闲事，久而久之，孩子也就感受不到人间珍贵的友情，幼小的同情心就这样在无形之中被扼杀了。对于孩子来说，家长是他们最早模仿的对象，孩子同情心的发展最需要父母的言传身教。由于孩子的年龄小、模仿性强，具有高度的可塑性，所以一方面家长要培养孩子文明礼貌的行为习惯，另一方面，家长也要提高自身的修养和素质，为孩子树立良好的榜样。

儿子，也许你还小，你的同情和善良也是出于本能，你还不能理解同情心和善意会给别人乃至整个世界带来多大的改变。爸爸很久以前看过一个故事，说是在美国东部，一个风雪交加的夜晚，推销员克雷斯的汽车坏在了冰天雪地的山区。野地四处无人，克雷斯焦急万分。因为，如果不能离开这里，他就会被活活冻死。这时，一个骑马的中年男子路过，他二话没说，就用马将克雷斯拉出了雪地，拉到一个小镇上。当克雷斯拿出钱对这个陌生人表示感谢时，中年男子说："我不求回报，但我要你给我一个承诺。当别人有困难时，你也要尽力去帮助他！"

在后来的日子里，克雷斯帮助了许许多多的人，并且将那位中年男子对他的要求同样告诉了他所帮助的每一个人。很多年后，克雷斯意外被一场洪水围困在一个小岛上，一位少年帮助了他。当他要感谢少年时，少年竟然说出了那句克雷斯永远也忘不

了的话："我不要求回报，但你要给我一个承诺……"克雷斯的心里顿时涌起了一股暖流。司情心和善意是无价的，它不需要回报，却可以在人群中无限传递，温暖每一个人。

有人比喻说：如果每一件人们相互帮助的善事都是一颗珍珠的话，那么我们每一个人的同情心和善意就是一根金线。用金线把颗颗珍珠串起来，就是一条世界上最珍贵的无价项链。同情心是关怀、助人、分享以及道德感等社会品格养成与社会交往技能组成的基本元素，没有同情心的孩子就不会体会别人的感受，自然也谈不上关心别人、与别人分享了。同情心也是分担和感受别人忧伤的一种能力，是对是非观点提供支持的一和非常关键的情感，孩子有了同情心就能增强对别人想法的理解，如此，孩子才有可能更深入地感受到别人的痛苦、困难，这种感受可以让孩子更宽容、更能理解别人的需要，并在别人有困难的时候主动想到帮助别人。而缺少同情心的孩子往往会变得冷漠、孤僻、不合群以及挑剔，他们也就难以站在别人的角度分担别人的痛苦或需要。

教子小贴士

1. 想让儿子有同情心，父亲首先要表现出自己的同情心。

现实中，冷漠的行为跟成长过程中爱心、同情心、宽容与接纳等情感培养的缺失是分不开的。情感和同情心已经成为国家幼儿教育中必须要实施的内容，生活中那些冷漠的行为正是同情心、爱心缺失的表现，作为父亲，在教育儿子坚强的同时，也要

注意千万不要让孩子与冷漠这个词发生任何关系。

2. 在同情心的培养上，要尽量避免简单的言语说教方式。

因为爱心与同情心等情感的培养渗透在生活的每个细节中，要创造一个能让孩子感受到接纳、关爱和支持的良好环境，同时坚持正面教育。此外，要将情感培养渗透在生活中，于细节处用心，并坚持长期一贯的做法，不轻易放弃，孩子的情感培育一定会取得切实有效的成果。

打球打输了不要埋怨，因为那是公平的竞争

今天你们班级举行篮球赛，回到家，爸爸问你，有没有参加篮球比赛？比赛情况如何？你居然说，以后你都不想再打篮球了，因为总是输，你在哪队哪队就输，太生气了。爸爸有些吃惊，这可不像你的性格呀，平日里，你是最不服输的，篮球虽然竞争非常激烈，但也是公平竞争，你应该勇敢去面对的，即使输了，也要学会寻找原因，而不是气鼓鼓地说："不玩了！"在你以后的人生历程中，会有更多比篮球比赛更激烈的竞争，爸爸希望你能够树立起正确的态度去面对。对于竞争，只要是公平的，就

需要鼓起勇气积极去参与，对于人生而言，这才是正确的、健康向上的人生态度。

儿子，爸爸想对你说的是：处处争强好胜固然不好，但在充满竞争的社会大环境中，你将来必然要为进入好的学校、参加各类竞赛活动而和同伴展开竞争，如果爸爸刻意去淡化你的竞争意识，很有可能会影响你将来在这个竞争社会中生存。竞争的力量会让一个人发挥出巨大的潜能，创造出惊人的成绩。如果不鼓励你参与竞争，就很难开发你的潜能。

爸爸认为，要想让你更好地去与人竞争，首先需要你具备竞争意识，竞争意识是指对外界活动所做出的积极、奋发、不甘落后的心理反应，它是产生竞争行动的前提。现代社会是一个充满竞争的社会，有竞争才会有进步、有发展，对个人乃至整个社会都是如此，一个人如果不具备竞争的意识和竞争的能力，很难在社会上立足。因此，爸爸希望你能适应明天的竞争，成为生活的强者，所以爸爸对你排斥篮球比赛的做法格外地关注和重视。

在爸爸看来，鼓励你参与竞争，对于你的健康发展具有重大意义。它可以增强你的自信心，你在竞争中表现出来的精神和才能，会使你对自己做出肯定的评价，会激发你进一步奋发向上；它可以克服你的胆怯、保守和自卑心理，它可以使你看到集体的力量、群众的智慧，认识到团结的重要性；它可以激发你强烈的求知欲望，因为竞争会使你认识到只有具备知识和能力才能领先，因而努力学习各科基础知识和基本技能；此外，它还可以提高你的耐挫能力，有竞争，就免不了要遭受挫折，你品尝过竞争

失利的滋味，可提高对未来可能遇到的挫折的承受能力。

也许你不太理解爸爸为什么如此重视竞争的意识和能力的培养，爸爸先给你讲一个小故事吧。在澳大利亚，有一位享有盛名的长跑教练在短时间内培养出了多名长跑冠军。人们四处打探他的成功秘诀，结果却让大家颇感意外，原来秘诀就在于他有一个神奇的陪练，这个陪练不是人，而是一匹凶猛的狼。最初的时候，这位教练为了使运动员始终保持竞技状态，作为每天训练的第一课，这位教练一直要求队员跑步到训练场，不能使用任何交通工具。有一名运动员的家距离训练场并不远，但他每天几乎都是最后一个到场。教练准备放弃他，劝告他早些改行，以免浪费自己的时间。

突然有一天，这名队员竟然比其他人早到了 20 分钟。教练根据他离家的时间进行测算，惊奇地发现其速度已经打破了世界纪录。于是，他向队员了解详细情况。原来，这名队员在离家不久经过一段 5 公里的旷野时，遇到了一匹野狼，野狼拼命地追，吓得他在前面拼命地跑，直到将野狼远远地甩在后面。

打破世界纪录仅仅是因为一只野狼，因为后面有一个可怕的"敌人"，是"敌人"将人的全部潜能最大限度地激发了出来。教练对此颇有所悟。不久，教练就请了一个驯兽师，带来几匹狼，每到训练时刻，就将狼从笼子里释放出来，追赶运动员，结果队员的成绩有了很大的提高。这位教练之所以能够取得成功，是因为他掌握了一个道理：即竞争的力量能让一个人爆发出最大的潜能，创造出惊人的成绩。因为，竞争对手就在你面前，如果你不努力，你的生命就会有危险。同样的道理，儿子，在你今后成长

的道路上也是如此，如果缺乏竞争力，最后的下场只有一个，那就是被其他的竞争对手打败。

如今的学校里，有些孩子争吃、争穿、称霸，这当然不是我们提倡的竞争，应该引导他们树立正确的、真正的竞争意识。培养孩子的竞争意识是要培养他们奋发向上、开拓进取的精神，从而提高他们的综合素质。在这个竞争越来越激烈的社会，对于孩子的精心呵护只能使他们变得慵懒柔弱、没有活力，经不起一点打击，缺乏竞争的动力与激情。在这样环境里成长的孩子，在未来走上竞争激烈的社会时，肯定会因能力不足而被社会淘汰。到那个时候，恐怕父母也回天乏术了。所以，要想让孩子适应竞争激烈的现代社会，我们就应该从小培养孩子的竞争意识。

教子小贴士

1. 要给儿子灌输正确的竞争意识。

幼儿期是孩子竞争意识发展的关键期，他们需要了解自己的言行将会如何影响自己在别人眼里的形象。竞争意识的萌芽，同时也是孩子自我意识发展的重要表现，家长应及时予以支持与正确引导。

2. 爸爸要让孩子明白：永远不要只着眼于和别人争高下，而是向自己的能力极限挑战。

对于那些竞争欲望过强的孩子，爸爸应该先帮孩子端正心态，要让孩子明白竞争是展示自身实力的机会，是件美好的事，要用从容的心态看待超越和被超越，不应充满妒忌和愤懑。而参

与竞争的意义之一，就是学会有风度地接受失败，并且诚心实意地祝福对手。

3. 要引导孩子公平竞争。

我们在培养孩子的竞争意识的同时，要提高孩子的竞争道德水平。要告诉孩子，在竞争中得到胜利固然值得骄傲，但和同伴之间的团结协作的精神也是现代生活中不可或缺的品质。有的孩子以为竞争就是不择手段地战胜对方，好欣赏对方的失败，"置人于死地而后快"。这是万万不可取的，父母必须要让孩子认识到：竞争应该有利于社会，有利于集体和他人，同学之间的竞争应有利于共同提高。做到竞争不忘是非界线，用竞争促进大家追求更高的目标。

儿子，爸爸希望你成为一个正直的男子汉

儿子，你长大之后要走向社会，要跟很多很多的人相处交往，所以，爸爸始终认为，要把如何与人交往处世作为家庭教育的重要内容，教会你如何为人处世。为人处世最重要的是要正直。一个正直的人，为人处世能够做到"己所之欲，有道行之；己所不欲，勿施于人"，生活中，这样的人是最受尊敬和欢迎的，

人们也愿意与他们合作，他们遇到困难时，会有很多人愿意相助。这对提升生存能力和发展能力、更好地生存和发展是很有好处的。虽然你现在还小，但是爸爸还是希望你能够早日理解"正直"这个词，并且把它融入你的一举一动之中。古人说"有志不在年高"，而在爸爸看来，一个人正直与否，与年龄也是没有太大关系的。在爸爸看来，正直是要从小做起的。

关于教育孩子正直这件事，爸爸是深有体会和感触的。爸爸年轻的时候曾经有一位邻居，他有一个上小学的儿子，有一天，他发觉家里的钱莫名其妙地少了几十块，怀疑是儿子偷偷拿去花掉了，于是就翻儿子的书包，果然从儿子的书包里翻出来了不少钱。他把儿子叫到跟前问是不是他拿了家里的钱，儿子当然不承认。这位父亲一下子火了，他狠狠地揍了儿子一顿，说你在家里都有这样恶劣的习惯，以后到了社会上如何去做一个正直的人？挨了打之后，儿子承认了拿钱的事，痛哭流涕地悔过，并保证不再犯了。事实上，这件事情之后，他的儿子确实再也没有犯过类似的错误。这件事情让爸爸对这位邻居相当敬佩，他能够用正直的标准去要求儿子，说明他确实是一个正直的人。

然而不久之后，另外一件事情又改变了我对他的看法。那天，他儿子放学之后跟几个小孩子一起踢足球打碎了邻居家的玻璃，邻居出来找，他儿子就承认了，赔了人家玻璃的钱。这位父亲回到家里找儿子了解情况，儿子说玻璃是他打碎的，他就问都有谁和他一起踢球了。儿子一下就说出了好几个小孩的名字。他一听就火了，对儿子说："这么多人踢球，人家怎么知道玻璃是

你踢碎的呢?"儿子说:"本来就是我踢的嘛,我看得清清楚楚。"他听了更恼火,对着儿子吼道:"你真笨!你就不会说不是你踢的吗?!那么多人,你不承认,人家能把你怎么的?!"最后,这位父亲还叹息了一句,"我怎么生养了你这么一个缺心眼儿的儿子呀!"很显然,这位父亲在教育孩子"正直"上采用了双重标准,这并不是明智的做法,一个真正正直的人永远不会用双重标准来要求自己以及教育孩子。

儿子,不知道现在的你是否能理解,如果爸爸能让你成为一个正直的人,对你的将来来说,等于给了你一生受用不尽的财富。一个正直的人是十分受人尊敬的。为了达到这个目的,爸爸始终非常注意自己的言行,因为爸爸觉得家长要起到榜样作用。家长的一言一行,在潜移默化中影响着孩子品德的形成。家长勇于承认错误、承担责任、做事情不讲情面、公正公平,孩子自然也会受到这种品格的熏陶。所以,家长在孩子面前一定要首先起到表率作用。其次,家长要经常给孩子讲一些正直的人的故事,让孩子知道做一个正直的人是十分受人尊重的。再次,家长可以让孩子解决一些类似的事情,让孩子体验如何公正公平地处理事情,并告诉孩子虽然有的时候可能不会让每一个人都满意,但只要做到公正公平了,你就不会受到内心的谴责。最后,家长要时刻观察和了解孩子,因为孩子的年龄还小,很多时候掌握不好正直公平的尺度,所以,家长要及时发现孩子身上存在的问题,及时地给予指导,并帮助孩子改正。这样,孩子就会逐渐被培养成为一个正直的人了。

为了把孩子培育成一个正直的人，爸爸心里很清楚自己应该怎么做，平日里都严格要求自己，加强自身道德修养，对同事、亲友不说谎、不做假；在孩子面前信守诺言，不为了达到某个短期效果而欺骗孩子；要敢于在孩子面前做自我批评；不袒护、包庇自己的孩子；不要在孩子面前说别人的坏话等。爸爸知道，父母要使自己的一言一行都成为孩子学习的榜样，这样孩子才会相信，正直是在这个社会生存的原则，自己也必须遵守这个原则。

让孩子学会正直做人不是件容易的事情，但是如果孩子身边最亲近的父母能深刻体会到"正直"的价值，并在实际生活中身体力行地引导，孩子自然就会慢慢模仿，逐渐具备正直的品性。对于孩子提出的问题，一定要认真坦率地回答，并且要敞开心扉听取孩子的任何建议，不要让孩子因为父母的期望而背离自己的真实情感。很多孩子不会表达"我不想那么做/我不要"的想法，所以父母要帮助他们自然地表达自己的想法和感情。这也是培养孩子正直品性的基础。正直如果成为了品性，深刻的潜在意识会帮助人们进行正确选择，同时思维的速度会加快，做事的效率也会提高。这就是"正直"给我们的礼物。

教子小贴士

1. 在日常生活中对于儿子要多用正面教育。

比如，如果发现儿子有爱贪便宜的毛病，家长绝不能迁就，更不能姑息，应施加适当的压力，使孩子受到教育。如果家长坐视不理，孩子尝到了"甜头"，后果将不堪设想。

2. 当爸爸的一定要以身作则。

家长在日常生活中要时时注意自己的言谈举止，处处给孩子做出榜样。由于孩子心智发展不完全、自制能力较差，难以抵制新鲜事物的诱惑，家长面对这样的情况要多关心孩子，发现孩子有品行不端的行为要及时帮助改正，姑息迁就就是变相支持。

3. 从小教导儿子不是自己的东西不能拿。

家长要经常教育孩子明辨是非，不属于自己的东西不要拿，随便拿人家东西是错误的。家长要让孩子明白，从小就做一个诚实正直的人。每天尽量抽出时间跟儿子沟通，了解他的性格特点，儿子的合理要求家长要尽量满足，对于他提出的不合理的要求，家长要和他讲清道理，让他明白是非对错。

看到你开始学着关心父母，
爸爸真替你感到高兴

爸爸着凉感冒了几天，本来也没怎么放在心上，但是今天晚上在吃饭的时候你突然问爸爸的病有没有好点，吃完饭还主动给爸爸倒水，这让爸爸意外并且欣慰不已，也许你是真的长大了，爸爸越来越觉得你更像一个小小男子汉了。记得去年你还在家里

耍横跟奶奶抢电视看，而今年暑假的时候奶奶从老家回来，你已经懂得主动跑出去扶奶奶下车了。这些细微的成长痕迹爸爸看在眼里，乐在心里，这就是你的成长。看到你越来越懂事，爸爸真心觉得，之前在教育你上的努力没有白费，你正一天天沿着正确的轨道在前行、成长，这是爸爸最值得骄傲的事情。

常言道："人之初，性本善。"一个人刚生出来就好比一张白纸，若在这张纸上精心设计和细微地描绘，最后也许是一幅经典作品。所以说孩子的早期教育是非常关键的，只要用恰当的教育理念，对他的一生有莫大的影响。爸爸从小就非常重视亲情方面的教育，因为爸爸觉得，一个孩子完整健康的人格跟家庭和亲情的完整是分不开的，一个夫妻恩爱、父慈子孝的家庭走出来的孩子必然也会重感情、尊重家人和长辈，而那些报纸电视上曝出的兄弟反目、儿子抛弃老人的事例中，亲情教育上的缺失必然是存在的。

比如，一个家庭中，为人父母的一言一行总在潜移默化中不知不觉地影响着子女的心灵，诸如尊敬长辈、与人为善，等等。如今，望子成龙、望女成凤已成为一种普遍的社会现象，在子女的学习与生活上，做家长的可以倾其所有的精力与财力，为了提高孩子的学习成绩，可以花钱请最好的家教，而孩子在读书与生活上所需的一切花费，再多也在所不惜。总而言之，一切的中心都是"孩子"这两个字，一切的忙碌都是在围绕孩子转。这种做法确实也可以理解，因为现今的社会毕竟是一个充满竞争的社会，任何一个家长都会担心孩子跟不上竞争的节奏而为社会所抛

弃。然而，如果由此而造成孩子唯我独尊的话，那就得不偿失了，一些基本的亲情教育还是不能够忽视的。

为此，爸爸在家里一贯的做法是，从小就教育你尊敬爷爷、奶奶和外公外婆，并通过我们的付诸实际的行动，让你在潜移默化中受到教育。比如，我们都很尊敬自己的父母和 80 多岁的奶奶。在日常生活中，我们不但时时关心长辈的生活起居，更关心他们的健康问题。人到老年，总是或多或少患有一些疾病，一旦遇有他们身体不适的话，爸爸总是会带着你及时去探望他们。爸爸是希望在对长辈付出关爱的过程中，让你也懂得：如果没有我们父辈当初的努力与付出，也就没有我们的今天。无论如何，我们也应该尽我们的所能，去照顾关爱我们的长辈。儿子，如今你已经 12 岁了，逢年过节或双休日，爸爸带你去看望爷爷奶奶的时候，你就会拿出自己最爱吃的东西，并且会跟一个小大人似的问："身体好吗？"而且那种亲热劲儿完全发自内心，甚至已经完全超过了对我们的亲近，对此爸爸欣慰不已，而且深有体会：竞争的社会也需要爱心。我们不妨想一想，如果一个人对自己的亲人都没有一点爱心的话，又怎么会为整个社会奉献一点爱心呢？

爸爸对你在亲情方面的教育其实也有着更为广泛的意义。不妨想一想，一个人对家人如此，对别人呢？自然也会与人为善。在日常生活中，如果邻居有人生病了，我们也会多加关心，为他们留意一些健康知识，有时还会直接陪他们去医院看病。除此之外，有时候自家的物品，吃的也好，用的也罢，一时自己用不完，爸爸就会带着你拿一些去跟邻居分享。爸爸这样做的目的只

有一个：让你懂得社会的竞争虽然是无情的，但人与人之间更应讲究一个"情"字，与人为善是我们中华民族的优良传统与美德。爸爸希望将来的你也能够具备这样的品质，这有助于你立足竞争的社会而处于不败之地。

上次回老家时，听到一个远房亲戚说，他的大女儿连中学都没读完，就跟一个易同学恋爱上了。为此，这个亲戚气得暴跳如雷，还火冒三丈打了女儿几次，可结果呢，不但没改变她的错误做法，反而一气之下和男友私奔去了南方，也不告诉家人地址，只是在电话里告知在那里很安全，有工作。她爸爸真是叫天天不应，叫地地不灵，又不敢再逼她，谈起这些的时候，这个亲戚只是伤心地说："就当我没生过这个女儿。"

不过话说回来，我认为这中间必然有他作为家长的责任，而且是不可推卸的。孟子说过："幼而知爱其亲，长而知敬其兄。"一个人如果小时候缺少家庭伦理教育与亲情教育，长大成人后，有很大可能会成为情感冷漠、道德观念淡薄的人。所以家长应该在孩子小的时候就开展亲情教育，让孩子在享受父母之爱的同时学习以爱回报父母，懂得孝敬父母、体谅父母、关心父母、照料父母，进而形成敬重老人、关爱他人的好品质。

教子小贴士

1. 爸爸要根据亲情教育的情感性特点，多跟儿子沟通。

家庭亲情教育一定要给孩子创造更多交流沟通的机会。亲情可以说是一切情感的基石。作为爸爸，与孩子多交流、沟通，对

孩子的情感发展有利，也对健康心理的形成有利，从而促使儿子形成重视亲情的观念。

2. 对孩子的亲情教育要求家长以身作则，身教重于言教。

记得在电视上看过一个令人感动的广告，一个小男孩看到妈妈为老人洗脚的情景，马上模仿，摇摇晃晃地为妈妈打来了洗脚水。这个广告形象地表明了父母在生活中其实是幼儿的镜子，幼儿是父母的影子。正所谓"其身正，不令而行；其身不正，虽令不从"。身教重于言教，家长的一言一行，都会潜移默化地影响和感染孩子。

第二章
你身边的每个人，
都是你人生的一部分

　　要成为一个真正的男子汉，不仅需要坚强，更需要爱。爸爸希望你能学会去爱你身边的人，家人、朋友，甚至是心怀善意的陌生人，你要从中汲取情感的力量，要学会在爱中去思考、去收获。你身边的每一个人都是你人生的一部分，当你老去，你的智力和能力会减退，唯有情感会愈久愈深。

9.

亲和力可以帮助你赢得更多的朋友和支持

儿子，爸爸今天想问你一个问题：什么样的人烦恼最少？也许你的脑海中首先会浮现出生活中身边那些人缘好的亲朋好友或者同学。这些亲和力比较强的人往往会拥有更多的朋友，在很多时候都能够左右逢源，因而也能得到更多人的帮助，能力也更强一些。那么，是什么原因导致的这个结果呢？那就是这样的人通常都具备一个独特的气质：平易近人。这样的人能够更容易地与他人沟通，获取别人的信任。我们都知道，一个人身边的朋友越多，有困难时得到的帮助也就越多，身边的朋友其实就是我们的坚强后盾，自然是越多越好，而亲和力就是为我们增加后盾的有力法宝。

生活和职场之中，有一个好人缘是一件相当快乐的事情，对此爸爸是深有体会的。拿职场来说，同在一个单位，或者就在一个办公室，搞好同事间的关系是相当重要的。一个小团队之中如果能够关系融洽，那么工作时的心情就舒畅，这不但有利于提高工作效率，也有利于自己的身心健康。假如关系不和，甚至相互

之间关系紧张，那就没滋味了。通常来说，导致同事之间关系紧张的原因除了重大问题上的分歧和直接的利益冲突外，平时不注重自己的言行细节也是一个很重要的原因。那些在交往细节上注重亲和力、真诚恳切的人往往拥有更融洽的团队人际关系。从人际关系的角度看，亲和力强是获得人缘的最好方法，这种特质对于提升人缘是必不可少的。亲和力强可以让人具有好人缘。是否善于利用亲和力强的方式去沟通，常常影响大家对一个人的评价。

　　美国前总统里根是一个平民总统，他最大的特点和优势就是人缘好、幽默而且平易近人，人们都很喜欢他。有一次他参加一个晚会，记者山姆·唐纳逊在晚会上见到了他，在跟他打招呼的时候随意地夸奖里根的新西服很漂亮。里根说："这不是新西服，我已经穿了 4 年了。"晚上这位记者刚回到家就突然接到了来自白宫的电话，居然是里根总统打来的，里根告诉那位记者说："不好意思我纠正一下，那件西服不是穿了 4 年，而应该是 5 年。"那位记者感到很惊讶，其实只是见面问候时一句很随意的话而已，完全不必较真儿，而作为总统的里根居然这么认真。他立刻就对里根平易近人的风度佩服不已。

　　其实当时，很多人都觉得里根为了这样的小事打电话不好，完全没这个必要，但里根却并不这样认为，他认为正是这些小事让人们觉得他随和、平民化而且容易接近。其实，里根竞选总统能够获胜所依靠的就是在公众面前树立的这种极具亲和力的形象。

那么，我们作为普通人，在日常生活和工作中应该如何去增强自己的亲和力呢？首先，朋友或同事之间如果有了意见分歧，最好以商量的口气提出自己的意见和建议，语言的得体在交流过程中是十分重要的。应该尽量避免那些绝对否定别人的消极措辞。因为毕竟每个人都有自尊心，伤害了他人的自尊心，必然会引起对方反感，即使你的话语本身并没有错误。更要注意避免嘲笑。幽默的语言能使人在笑声中思考，而嘲笑却能让人感到敌对，是不可取的。在交流的时候真诚、坦白地说明自己的想法和要求，让人觉得你是希望得到合作而不是在挑人的毛病。同时，我们也要学会如何去听，耐心、专心去听对方的意见，从中发现合理的成分并且及时给予赞扬或表示同意。这样的倾听不仅能使对方产生积极的心理反应，也能给自己带来思考的机会，同时会创造一种和谐的交流氛围，让你具备更强大的亲和力。

如果我们拥有了超越常人的亲和力，无疑会给我们增加更多的朋友。好人缘给我们带来的不仅是表面上的和谐，而且还有实质上的帮助。比如遇到困难的时候会有更多的人愿意伸出援手，更多的朋友也给我们带来更多的学习成长机会，毕竟每个人都会有他们的智慧和优点。从某种意义上来说，好人缘给我们带来的就是我们身边的智囊团，他们会为我们提供全方位的帮助，这对于我们自身成长以及事业的发展来说都是绝好的助推剂，我们一定要好好去把握利用。

1. 亲和力其实是情商的一种体现，要努力培养儿子的情商，增强其综合素质。

如今的社会除了智商，情商也是当前年轻人所承认和肯定的必备素质之一。作为爸爸，我们在严格要求儿子学习成绩的同时，也要注意其情商的培养。

2. 让儿子明白"得道多助，失道寡助"的道理，用亲和力去赢得更多的朋友。

一个人的力量终究是渺小的，因此我们一定要尽量去团结自己身边的人，这样一旦遇到困难的时候，身边愿意来帮助我们的人就会越来越多，从而令我们在人生的旅途上走得更快更好。

10.

爸爸不能呵护你一辈子，
幸福与苦难都是你必须经历的

今天爸爸在看书的时候看到这样一句话："苦难是一生的垫脚石，对于强者是宝贵的财富，对于弱者是万丈深渊。"爸爸觉得这句话说得实在是太好了，人的生命既短暂又漫长，没有哪个

亲人可以永远陪在你身边。你总要从少年成长为一个闯荡天涯的男子汉，还有太多的东西等着你去经历和承受，也许是幸福，也许会有苦难，但是爸爸想对你说：所有的旅途都是风景，所有的经历都是财富，要学会坦然地面对一切、面对人生。无论任何时候，无论你拥有了怎样的人生和经历，你都要明白：人生其实就是一个收获的过程，没有人可以保证自己的人生始终风调雨顺，即便是某一刻遭遇苦难，也要记住——经历苦难也是一种收获。

我们知道，没有经历痛苦洗礼的飞蛾无法拥有舒展有力的双翅；人生没有痛苦，就会在挫折来临之时手足无措。正是因为有痛苦，所以成功才那么美丽动人；因为有苦难，所以欢乐才那么令人喜悦；因为有饥饿，所有佳肴才让人觉得那么美味。正是因为有痛苦的存在，才能激发我们人生的力量，使我们的意志更加坚强。和飞蛾一样，人的成长必须经历痛苦挣扎，直到双翅强壮后，才可以振翅高飞。

有人说：人生注定就要经历苦难。如果我们人生的开端过得太平和、太顺利、太没有悬念，这在很多人看来值得羡慕的事，对自己而言，却不见得是一件好事。多一些磨难、多一些阅历、多一些变化，会让一个人更快地成熟起来，会让一个人更能体会人生的真谛，生活的乐趣和亲情、友情、爱情的珍贵。"自讨苦吃"的人或许会被人笑为傻帽，但于我们自身而言，却要甘做傻帽，让自己的人生多一些挑战，多一些改变，多承担一些本不应该过早承担起的责任，因为，这些苦难可以让我们更加成熟、更加坚实。

英国劳埃德保险公司曾从拍卖市场买下一艘船，这艘船于1894年下水，在大西洋上曾138次遭遇冰山、116次触礁、13次起火、207次被风暴扭断桅杆，然而它从没有沉没过。劳埃德保险公司基于它不可思议的经历及在保费方面带来的可观收益，最后决定把它从荷兰买回来捐给国家。现在这艘船就停泊在英国萨伦港的国家船舶博物馆里。

不过，使这艘船名扬天下的却是一名来此观光的律师。当时，他刚打输了一场官司，委托人也于不久前自杀了。尽管这不是他的第一次失败辩护，也不是他遇到的第一例自杀事件，然而，每当遇到这样的事情，他总有一种负罪感。他不知该怎样安慰这些在生意场上遭受了不幸的人。有一天，他在萨伦船舶博物馆看到这艘船时，忽然有一种想法：为什么不让他们来参观参观这艘船呢？于是，他就把这艘船的历史抄下来和这艘船的照片一起挂在他的律师事务所里，每当商界的委托人请他辩护，无论输赢，他都建议他们去看看这艘船。

这艘船的故事告诉我们：在大海上航行的船没有不受伤的，我们的人生又何尝不是如此？虽然屡遭挫折，却能够坚强地、百折不挠地挺住，这就是成功的秘密。我们的人生若没有苦难，我们会骄傲；没有挫折，成功不再有喜悦，更得不到成就感。因此，不要幻想生活总是那么圆满，生活的四季不可能只有春天。每个人一生都注定要跋涉沟沟坎坎，品尝苦涩与无奈，经历挫折与失意。痛苦，是人生必须经历的一课。

所以爸爸希望你能记住：在漫长的人生旅途中，苦难并不可

怕，受挫折也无须忧伤。只要心中的信念没有萎缩，你的人生旅途就不会中断。艰难险阻是人生对你的另一种形式的馈赠，坑坑洼洼也是对你的意志的磨炼与考验——大海如果缺少了汹涌的巨浪，就会失去其雄浑；沙漠如果缺少了狂舞的飞沙，就会失去其壮观；如果维纳斯没有断臂，就不会因为残缺的美丽而闻名天下。生活如果都是两点一线般的顺利，就会如白开水一样平淡无味。只有酸甜苦辣咸五味俱全才是生活的全部，只有喜怒哀乐七情六欲全部经历才算是完整的人生。

教子小贴士

1. 培养儿子学会微笑着面对生活。

不要抱怨生活给了你太多的磨难，不要抱怨生活中有太多的曲折，更不要抱怨生活中存在的不公。只有你经历过了、走过来了之后，你才会明白，很多东西其实都是短暂的，而痛苦则是我们人生必须经历的过程。

2. 告诉儿子，人只要生活在这个世界上，就有很多烦恼，痛苦或是快乐，取决于你的内心。

现在，很多人活得很累，过得也不快乐。归根结底，人不是战胜痛苦的强者，便是屈服于痛苦的弱者。再重的担子，笑着也是挑，哭着也是挑。再不顺的生活，微笑着撑过去了，就是胜利。

无论何时何地，都不要让冷漠入住你的心灵

儿子，很多时候，就像你前几天哼的那首歌里唱的那样："为什么总是在失去的时候才懂得珍惜。"爸爸相信如今的你还并不能完全理解这句歌词所蕴含的意义。对于每一个步入社会的人来说，想必都会有这种强烈的感受。走上社会之前，从家庭到学校，我们无时无刻不在感受着别人的关爱，亲情、友情，这些纯真的感情曾经伴随在我们身边，我们也已经习惯这样的生活，不觉得有什么特别。然而进入社会之后，需要面对这个复杂社会的时候，我们才发现，真情原来如此珍贵。有不少人在经历了人情冷暖之后对这个世界失去了信心，他们被那些冷漠的人同化，不知不觉中让冷漠入住了他们的心灵，在这样的人眼中，整个世界将变得冷漠。爸爸当然不希望看到你变成这样，爸爸希望看到一个远离冷漠、内心充满温暖的你。

相信每一个人对于冷漠这个词的理解，都是从步入社会开始的。如今随着社会的高速发展，城市生活节奏不断加快，越来越多的人都表示现在生活压力大，有些人变得越来越冷漠。由于社

会竞争压力不断增大，人们每天都处在紧张的生活和工作环境中，面对着人际关系的压力，这在很大程度上影响了人与人之间的关系，许多人觉得人情冷漠，缺乏幸福感，这种现象已经足以影响到我们的生活和心态。

为什么会出现这样的情况呢？我们不妨留意一下身边的人，生活中，我们常会碰到一些猜疑心很重的人，他们整天疑心重重、无中生有，认为人人都不可信、不可交。喜欢猜疑的人特别注意留心外界和别人对自己的态度，别人脱口而出的一句话他很可能琢磨半天，这样便不能轻松自然地与人交往，久而久之，不仅自己心情不好，也影响到人际关系。这种人心有疑惑，不愿公开，也少交心，整天闷闷不乐、郁郁寡欢。由于自我封闭，阻隔了外界信息的输入和人间真情的流露，便由怀疑别人发展到怀疑自己、怀疑自己的能力，失去信心，不再信任别人。正是这样的信任缺失导致了人与人之间的冷漠现象，缺乏信任，使得我们曾经在学生时代的那种相互之间的真诚一去不复返，只能去怀念了。

关于冷漠，我们不妨看一个"二战"时候的小故事：20世纪30年代的德国，有一位犹太传教士每天早晨总是按时到一条乡间土路上散步。无论见到任何人，总是热情地打一声招呼："早安。"在当时，当地的居民对传教士和犹太人的态度是很冷漠的。有一个叫米勒的年轻农民对传教士这声问候，起初的反应也十分冷漠。然而，每天早上，传教士都给这个一脸冷漠的年轻人道一声早安。

终于有一天，这个年轻人脱下帽子，也向传教士微笑着道一声："早安。"

　　又过了几年，纳粹党上台执政。这一天，传教士与村中所有的人被纳粹党集中起来，送往集中营。在下火车、列队前行的时候，有一个手拿指挥棒的指挥官在前面挥动着棒子，叫道："左，右。"被指向左边的是死路一条，被指向右边的则还有生还的机会。

　　指挥官很快点到了传教士的名字，他浑身颤抖，走上前去。当他无望地抬起头来时，眼睛一下子和指挥官的眼睛相遇了，传教士习惯地脱口而出："早安，米勒先生。"

　　原来指挥官正是他曾经每天早上遇到的那个年轻人，米勒虽然没有过多的表情变化，但仍禁不住还了一句问候："早安。"声音低得只有他们两人才能听到。

　　最后的结果是：传教士被指向了右边——他意外地获得了生存的机会。

　　正是传教士不计回报地真情付出救了自己的命。如果当初面对年轻人的冷漠，他选择了放弃，也许他会被后来的指挥官毫不犹豫地指向死亡的一边。这个小故事告诉我们，消除冷漠的最好方法就是不计回报地真情付出。那么，在我们的工作和生活中，我们如何才能做到这一点呢？

　　首先要试着让自己快乐生活，这是一个最基本的心态。其次一定要努力工作，把重心放在工作上，你自然会获得尊重，别人冷漠，又有何干？想开心，自然可找一班朋友吃喝玩乐去。第三

点也是很重要的一点，就是要以诚待人，不要吝啬自己的真情付出，倘若你处处提防他人，又怎么能够获得对方的心门钥匙？别把利益看得太过重要，为了梦想奋斗本已够辛苦，何必又自加重量呢？最后一点就是要避免完美主义，要接受这个世界的不完美，生活向来都是如此，接受了这一点，我们就会明白：真情付出是不计回报的，虽然难免会遭遇冷漠，但是不要让它影响到我们的真诚，做到了这一点，我们才能让自己远离冷漠。

教子小贴士

1. 告诉儿子，人与人的关系是一把双刃剑，要学会远离冷漠，保持真诚。

生活中，我们首先应该充分协调好自己的人际关系，要学会毫不计较地真情付出，及时调整不良心理状态，无论是工作还是生活方面，彼此之间都应该多多发扬互帮互助精神，加深情感交流，避免陷入冷漠对冷漠的恶性循环。

2. 如果遭遇冷漠，一定要记住，只有真诚才能够最终消除冷漠。

人与人之间的冷漠有许多原因，解决方法却只有一个，那就是真诚。让儿子明白这个道理，让他掌握应对冷漠的最有力武器，从而让自己避免被冷漠伤害。

做情绪的奴隶，
还是做情绪的主人，你自己选

　　最近一段日子，爸爸不止一次看到你发脾气，似乎学业的压力让你的心情变得糟糕，无论面对什么都没办法拥有一份好心情。因为学习上的烦躁，你看待身边的一切都会觉得不顺眼，原先心爱的玩具被你摔得七零八落，精心收藏了很久的漫画人物剪纸也被你扔进垃圾篓，你甚至频繁地跟爸爸妈妈吵架，吃饭也吃不安稳……爸爸看在眼里，急在心里。因为压力的缘故，你似乎已经完全成为情绪的奴隶，所有的选择都变得情绪化，无法控制自己发脾气，心情糟糕的时间占去了一天的大半，很难想象在这种情况下你还能安心学习并且有所收获。这样的恶性循环是一定要尽快想办法去改善的，否则的话，爸爸真担心你会把所有的事情都搞砸的。

　　曾经有一位哲人说过："发泄情绪就像是往鞋子里倒水，除了让你更加举步维艰之外，没有任何用处。"这个比喻对于发泄情绪而言可谓无比贴切。我们想必都会深有体会，生活中，如果一个人对每一件不如意的事情都情绪化对待，坏运气就会渗透到

他人生的每一个领域，使得他离成功越来越远。我们都知道，不发脾气的人是最快乐的人，没有坏情绪的世界是美好的世界。如果我们遇到问题的时候总是倾向于去发泄情绪，那么在我们的生活和工作中必然会失去很多朋友。因为正如友好是相互的一样，敌意也是相互的，友好待人可以让我们得到更多的朋友和帮助，发泄情绪则会让我们得到更多的坏情绪，也会让我们得到的帮助越来越少。

人与人相互之间如果陷入坏情绪的境地，其实是一种人际关系危机。如果我们善于总结，就会发现，我们所面临的情绪困扰多半与他人有关，不论是要和你的爱人有更深层次的交流，还是要说服某个同事让他认同你的看法；或是让你的孩子收拾他们的房间；或是让商店导购了解你的需要……生活中大部分问题都能通过与别人建立成功的、有价值的关系得以解决。我们同他人的各种关系可以提高自身的生活品质，也能带来无尽的压力；既能给我们带来欢乐，也能带来痛苦；既能带来安逸和谐，也能带来矛盾冲突；既能带来喜乐平和，也能带来不安挣扎。毫无疑问，相互之间的情绪发泄带来的将会是后者，我们可以肯定地说：发泄情绪只会带来更糟糕的心情，而不是任何对自己有丝毫帮助的东西。

现实生活中往往有这样的情况，有的人遇到不合意、不顺心的事，往往一时冲动，先过过嘴瘾，甚至不问青红皂白，先把别人的错误拿出来攻击一通，以此排遣心中的不满。其实这样做是得不偿失的，当你在数落别人，发泄对别人的不满的同时，自己

的好心情也被破坏了。或许你觉得自己是现实生活中的受害者，无力去改善它们；或许你觉得自己正被困在消极、无奈的关系当中，无法解脱。但事实并非如此，你既非受害者，也没有被困，你完全可以改变你的现状，把自己从烦躁的坏情绪中解救出来，改善自己的人际关系，并从中享受到极大的乐趣。

在我们学着去远离坏情绪的过程中，那些原本与我们针锋相对的人也在不知不觉中发生着变化，他们开始觉得你热情、无私、乐于助人、讨人欢喜，等等，在别人眼里，你开始具备很多可贵的品质。同样，你也能在现有关系中，将对方身上的这些美好品质引导出来。不要再一味地去发泄你的情绪了，这样你就会创造出很多向上的正能量，给自己带来神奇的转化。

在古时的意大利流传过这样一个故事：有一个名叫托比的人外出游学，经过一座山的时候，看到山上有一只老虎。后来他进入城里，便对人们说，山上有一只老虎，上山时要小心。可是没有人相信他，因为这里在从前根本没有发现过老虎。托比一再坚持，并向人们描绘老虎的样子如何凶猛。但是任凭他费尽口舌，人们还是不相信。最后，托比决定带人们去亲眼看看老虎。

当时柏拉图和他的几个学生也在这座城市，他们和托比一起上了山，但是等了好几天，始终没有发现老虎的踪迹，于是人们彻底不再相信他："如果你再坚持说见到了老虎，我们就会向人们宣布你是一个撒谎的人。"

人们的怀疑和嘲笑实在让托比无法忍受，他愤怒不已，买来

一杆猎叉，独自上山寻虎。他发誓，一定要找到老虎，把它打死，拖回来让人们看看。结果托比一去就再也没有回来。几天后，人们在山中发现了一堆破碎的衣服和一只脚。法官验证后说，托比是被一只重量为500磅左右的老虎吃掉的。

托比因为无法控制自己的坏情绪而失去了理智，最终葬身虎口，在旁观者的眼中，他做了一件愚蠢至极的事情，并且为此付出了惨痛的代价。所以，在每次我们想要抱怨发脾气前，先冷静问一下自己：别人会不会为我的坏脾气"埋单"？答案自然是不会，所以我们不妨把心放宽一点，何必为别人的无知埋单呢？当别人的错误影响到你时，不要生气，因为，生气就等于是用别人的过错来惩罚自己，你所要做的是把别人的错误化为自己向上的动力，鼓足了劲儿去提高自己，让别人对你心服口服。控制好自己的情绪，少为别人的无知生气，我们就能把我们的生活过得更加轻松自如。

教子小贴士

1. 儿子，爸爸希望你能记住：纯粹的情绪发泄没有任何意义。

很多时候，即便是实在忍无可忍，也要尽可能选择对自己有帮助的方法去面对，而发泄情绪恰恰是对自己最没有帮助的选择。

2. 教育儿子在发泄情绪的时候多想想别人的感受，以及别人有可能采取的反应。

如果能够做到这一点，发泄情绪也有可能会发挥正面的作用，甚至升级成为一种待人接物的技巧，为我们的生活带来推动力。

忘掉那些挫折吧，
英雄都是从失败的废墟上站起来的

因为一次疏忽大意，你的语文成绩输给了班里另外一个跟你竞争已久的同学，作为语文课代表，你对此耿耿于怀了很久，很多天之后，你仍然在为自己的疏忽愤懑不已。爸爸觉得你似乎过于看重某些东西了，像这样一次小小的失败和挫折，应该很快就会淡忘的，然而你却始终念念不忘，这样的心态对于你将来的成长而言是没有任何好处的。如果你始终困在上一次失败的阴影中无法走出，就无法用全部的力量去面对下一次挑战，甚至会失去勇气，在前进的道路上止步不前。爸爸希望你能够正视挫折、正视过去，无论是成功还是挫折，都要尽快去忘记，然后开始新的人生征程。

人的一生从来不会一帆风顺，漫漫人生路，苦乐相掺，悲喜相伴，往往挫折坎坷比平坦之路更多。挫折会伴随每个人的一

生，成为他们人生的一部分。如果一个人从小不经历一些挫折，他们长大后可能就难以适应复杂多变的社会。从小学会抵抗挫折，就会成为一个在人生路上不断前行的勇者。所以儿子，爸爸希望你能认识挫折，正确对待挫折，从而战胜挫折。我们不妨看看历史上古今中外那些有所建树的人，无一不是在挫折面前经受住了考验，从而铸造了一个不平凡的人生。一个人就是在不断地认识挫折、战胜挫折的过程中成长和发展的，只有深刻地认识到这一点，才能够勇敢地面对挫折、应对挫折、战胜挫折。如果不能正确地看待挫折，就会在挫折面前止步不前、怨天尤人，结果终将一事无成。

曾经有智者总结过：一个障碍，就是一个新的已知条件，只要愿意，任何一个障碍都会成为一个超越自我的契机。人生正是因为经历了无数的挫折，才变得缤纷多彩、丰富充实。挫折从不以人的意志为转移，不管喜欢不喜欢，乐意不乐意，挫折都会不期而至。明白挫折是生活的一部分，学会正确地看待挫折，我们才能更快地成长、成熟，将来才能更好地把握自己的人生。

曾经有这样一个关于挫折的小故事：有一天，素有森林之王之称的狮子来到了上帝面前，祈求上帝满足它的一个愿望："因为尽管我的能力再好，但是每天鸡鸣的时候，我总是会被鸡鸣声给吓醒，神啊！祈求您，再赐给我一个力量，让我不再被鸡鸣声给吓醒吧！"

上帝笑道：你去找大象吧，它会给你一个满意的答复的。

狮子急忙跑到湖边找大象，离老远就听到大象在砰砰猛跺它

的大脚。

狮子问大象：你干吗发这么大的脾气？

大象拼命摇晃着大耳朵，吼着：有只讨厌的小蚊子总想钻进我的耳朵里，害我都快痒死了。

狮子离开了大象，心里暗自想着：原来体型这么巨大的大象还会怕那么瘦小的蚊子，那我还有什么好抱怨呢？毕竟鸡鸣也不过一天一次，而蚊子却是无时无刻不在骚扰着大象。这样想来，我可比它幸运多了。狮子一边走，一边回头看着仍在跺脚的大象，心想：上帝要我来看看大象的情况，应该就是想告诉我，谁都会遇上麻烦事，而他并无法帮助所有人。既然如此，那我只好靠自己了！反正以后只要鸡鸣时，我就当作鸡是在提醒我该起床了，这样说来，鸡鸣声对我来说还是一件好事呢。

同样的道理，在人生的路上，无论我们走得多么顺利，但只要稍微遇上一些挫折，很多人就会习惯性地认为需要别人的帮助才能让自己渡过难关，但实际上，老天是最公平的，就像它对狮子和大象一样，每个困境都有其存在的正面价值，都会给你带来成长的机遇和动力，只要有了正确的应对态度，很多挫折其实对我们而言是种帮助。而且那些人为因素造成的挫折是可以避免的。

我们其实可以把挫折看作是一种挑战，它会通过不同的途径去磨炼你的意志，而每个人选择面对挫折的方式也是不尽相同的，有的人放弃挑战，不必为受到挫折而难过，也不必付出巨大的努力；而有的人会迎接挑战，毫不畏惧，从而激励自己，勇往

直前，为此付出了辛勤的努力，最终会有自己的收获。试想，不经历风雨又怎能见彩虹呢？而不经历挫折又怎么会有前进呢？人就是在一次次的挫折中挑战了自我、跨越了障碍，从而发挥了自身的潜能。有了从挫折中提高的能力，也就有了今后战胜困难的能力与信心。

教子小贴士

1. 父母对待人生挫折的态度，对于孩子如何面对挫折有着巨大影响。

父母是孩子生活中的一面镜子，是孩子的引路人。如果父母在挫折面前积极乐观，把挫折看成一个人生的新契机，那么孩子也会在父母的影响下直面人生的各种挫折，以积极的心态去迎接各种挑战。如果父母在挫折面前消极悲观，回避现实，那么只能降低自己在孩子心目中的威信，更不利于教育孩子正视挫折。因此，做爸爸的更要格外注意，要给儿子做一个好的榜样。

2. 从小就要对男孩进行挫折教育，引导孩子树立正确的人生目标。

一旦儿子树立了远大的目标，就教育他不要轻易屈服于各种挫折。挫折发生时，鼓励儿子冷静分析、沉着应对，找到解决挫折的有效办法。平常和儿子一起探索战胜挫折、克服消极心理的有效方法，帮助儿子进行自我排解、自我疏导，从而将消极情绪转化为积极情绪，增添战胜挫折的勇气。

对异性的好感是男孩儿的天性，
不要因此而内疚

　　儿子，今天你妈妈把一封从你书包里发现的所谓"情书"扔在爸爸面前，让爸爸决定如何去处理。这件事确实让我有点意外，虽然觉得不太合适，但我还是看了这封信的内容，大致就是写了你对某个女生的欣赏和好感之类。后来爸爸把这封信小心地放回你的书包，并且在晚上让妈妈旁敲侧击地询问你这件事情，你似乎觉察到了什么，变得局促不安起来，仿佛做了什么亏心事，甚至表现得有些内疚。爸爸想对你说的是，你已经到了青春期，对异性产生欣赏和好感是你作为男孩子的天性，千万不要因此而内疚，爸爸只是想了解更多的情况，但要是因此而引起你的不安和内疚，就不是爸爸的本意了。

　　爸爸其实想告诉你，你这个年龄的男孩子开始对女孩子产生好感是一件太正常不过的事情，因为青春期的少男少女正处于对异性的好感期，他们在性意识发展的过程中度过了短暂的异性疏远期后，就开始对异性产生兴趣，开始关注周围的异性，并注意自己的着装打扮、言行表现等，以使自己在异性心目中留下美好

的印象。这些表现都在表达他们对异性的好感或爱慕。

爸爸也是过来人，是完全可以理解你的，一般来说，处于青春期的男孩常常会被周围女生的容貌或温柔文静的气质所吸引，有时他们会大胆地用传纸条、写书信、约会等方式与异性交往，有时会用开玩笑、嬉闹等方式获得与异性接触的愉悦的情感体验，这其实就是社会生活中普遍存在的一种"异性效应"。进入青春期的男孩，生理上的急剧变化引起了其心理上的一系列微妙而复杂的反应，异性相吸的自然法则促使他们渴望与异性交往，并由此获得愉悦的情绪体验。这都是非常自然又正常的成长阶段，完全不用因此而紧张或者不安。

从成长的角度而言，青少年和异性交往是人格成熟的必经过程，到了某一年龄对异性产生兴趣也是极为自然的现象，如果刻意禁止，到了适婚年龄才突然解禁，必然令其不知所措。在以前保守的社会中，女性必须严守礼教，到了结婚以后，突然承受了社会和家庭赋予的使命，要承担很多责任和义务……然而，人的行为果真如此容易大幅改变吗？有些刻板的学校或者刻板的教师往往严禁男女生交往，青少年没有机会学习两性相处之道，日后又岂能充分了解异性，维系良好的两性关系呢？于是，便产生了许多不懂异性，更无法拥有健康情感生活的成人。

爸爸希望你能明白：处于青春期的男孩对异性产生好奇、好感并想接近异性是正常现象，是性意识发展到一定阶段的必然表现。如果这种心理自然而正常地表现出来，男孩的性心理就容易得到健康的发展，而如果压抑或扭曲自己，则有可能会造成一定

的心理障碍。当然，对于妈妈之前的要求，爸爸也是要负起这个责任的，爸爸希望你能够顺利度过这段"异性好感期"，所以爸爸要给你一点建议。

首先就是要大方自然地与女生交往。既然青春期的男孩对异性产生好感是一种正常现象，那就不要掩饰自己的这种心理，而是要大大方方地与女生接近，堂堂正正地与之交往。在与她们交往的过程中，你的言语、表情、行为举止、情感流露及所思所想都要努力做到自然、顺畅，既不过分夸张，也不闪烁其词。既不盲目冲动，也不矫揉造作。这种坦诚的正常交往对于双方的身心健康及学习生活都有良好的促进和影响。

其次就是与女生的交往过程中一定要注意分寸。与女生交往当然不能像与男生交往那样毫无顾忌。虽不是说要"逢人只说三分话，未可全抛一片心"，但也要注意保持分寸。比如谈话中涉及两性之间的一些敏感话题时要回避、交往中的身体接触要有分寸、不能肆无忌惮地开玩笑等。特别是在与某一位异性的长期交往中，更要注意把握好双方关系的尺度。总之，这件事情在爸爸看来，只要保持自然健康的心态，掌握好分寸，大方坦然地与对方交往，就能够让你的青春期变得更加美好和轻松。

教子小贴士

1. 儿子青春期对于异性产生好感和关注，做家长的一定不能用粗暴拒绝的方式处理。

在现实生活中，绝大多数父母会监视以及禁止异性之间密切

交往，这种做法都是很不妥当的，比如以"父母出面劝阻、教师找来谈话"的单一模式解决问题。殊不知这种做法不仅达不到他们所期望的目的，还有可能使孩子在与异性交往时产生心理阴影。

2. 对男孩子讲青春期教育，最重要的前提便是处理好父子关系。

好的青春期教育需要在父子之间建立起相互尊重的关系，如果一位父亲留给孩子的印象总是粗暴、冷漠、严峻、缺乏耐心，等等，父子之间怎么可能敞开心扉、平等地谈问题呢？做父亲的必须多与孩子在一起游戏、交谈，倾听孩子的心声，承认孩子的爱好和感受，分享孩子的兴趣和快乐，以尊重的态度支持他们的爱好。

3. 对孩子的青春期教育要见机行事，抓住机会去教育可以避免尴尬和紧张的氛围。

开展性教育说起来容易，做起来很难，只有在日常生活中善于抓住机会，然后平等地与孩子进行交流，摆出自己的观点，但又不强加于他们，以理服人，即不以势压人，这样才可能处理好父子关系，并且在不知不觉中教给儿子青春期发展所必需的知识。

学会乐观地面对生活，你才会快乐起来

儿子，前些日子你突然跟爸爸说：如果将来考不上好的大学怎么办？也许你是无心之问，也许你是真的忧虑这个问题，但不管怎样，爸爸确实发现你的快乐在随着学业压力的增加变得越来越少了。其实，未来永远是不可知的，但是爸爸知道，不管未来如何，只要你能拥有一份乐观向上的好心态，那么未来必然会是美好的。很多事情的发展是不以人的意志为转移的，我们要做的就是调整自己的心态，用乐观向上的积极心态去应对、去处理，做到了这一点，你才会真正快乐起来。

世界知名的成功学家卡耐基曾经说过："成功的主要方法之一，就是每天保持对生活的乐趣，对生命充满热情。"对生命充满热情是乐观心态的重要表现，一个人如果没有热情，那他在一生中就很难获得成功。如果没有足够的热情来支持，任何人都不可能取得事业的成功，即使这个人才智过人、聪明绝顶也是枉然。热情是人生的一笔资源、一笔财富，任何一个人，只要找到了对生命的热情，他就向成功迈进了一大步，历史上那些取得非

凡成就的人就是那些对生命充满热情的乐观者，对生命充满热情使得他们能够从奋斗和拼搏中体验到别人体验不到的快乐，当别人在为工作苦恼时，他们却在享受工作中的种种甜蜜和快乐，因此他们比别人更容易获得工作的进步和事业的成功。

假如一个人长期处于压抑、焦虑、消极的心态之下，纵使他的先天条件再优越，奋斗之路上获得的帮助再多，也不可能取得很好的成就；反之，如果一个人有着好的心态，那么，他必然会拥有良好的心理状态、和谐的人际关系、乐观向上的精神因素，因而他就会对自己的奋斗充满信心，从而充分发挥自己的自觉性、主动性、创造性，利用每一分内在的潜力，最终取得非凡的成就。既然心态对我们至关重要，它决定着我们人一生的命运，那么我们应该怎样历练、完善它，使其不断指引我们走向成功呢？

爸爸希望你能够学会用乐观的态度对待人生，乐观地接受人生历程中遇到的挑战和麻烦。这对于一个人的为人处世至关重要。古人云："人生在世，不如意之事十有八九。"在我们的日常生活中，常常会遇到各种麻烦和困扰，比如：工作待遇处理不公平、经济条件不宽裕、健康出现问题、期望中的事情落空、好心却未得好报、替别人背黑锅，等等。遇到这样的事情，如能保持积极心态，就不会钻牛角尖想不开，心胸也就必然会豁达起来，自然能够妥善对待、处理好这些事情，工作顺利、心情舒畅。

教子小贴士

1. 要让儿子明白："人可以通过改变自己的心态去改变自己的人生。"

心态决定人生，也决定了人的生活方式，有乐观的心态就有好心情，拥有好心情就会用心做好身边的每一件事。生活带给我们的挫折和幸福，我们都应该学会去享受。用乐观心态去把握短暂人生的每一分、每一秒，你会发现你的人生每一天都是如此阳光灿烂。

2. 要尽量去培养儿子健全的人格和乐观向上的心态。

在生活中，我们一定要记住这样一个道理：有太阳就会有月亮，有冬天就会有夏天；你不可能轻易改变风的方向，但你完全可以及时调整船的风帆。乐观的心态就好比是人生的风帆，可以让我们的生命之船充满动力，最终驶向成功的彼岸。

男子汉要承担起自己的使命，加油儿子

不知不觉间，你已经从一个毛头小子成长为一个个头几乎赶上爸爸的男子汉了，你不再像小时候那般顽皮、冒险，也不再像小时候那样听话、活泼，你的沉默代表着你的思想，你的固执代表着你的独立，虽然有时候会让爸爸觉得无奈，但是爸爸还是很乐于看到你有如此的成长。独立的思想代表着你已经意识到了自己作为男子汉的能力和使命，对某些事情的坚持意味着你已经到了自己为自己的言行负责任的人生阶段。爸爸希望看到的是一个敢想敢干的你，勇于承担责任和使命的你，你日渐强壮，已经开始走向自己选定的人生道路，爸爸所能做的，就是在你的身后默默地为你加油，看着你一天一天地成长起来。

一个人的使命是什么？就是做好自己应该做好的事，没有做好那些本应做好的事，是没有尽好责、不负责任的表现。以上这些既"官方"又"书面"的解释，看起来难免让人觉得枯燥。

"使命"这两个字也许对于不同的人有不同的答案，不同的领域、不同的角度也会有很多种解释，其实要想弄清楚这两个字很容易，一个简单的例子就可以让所有人明白其含义——自己的孩子或者父母过马路，你有保护他们安全的使命。其实就是这么简单。可是这么简单的事情有几个人能做到？

使命其实就是一个人承担起对应自己身份的责任，无论是社会精英还是平民百姓，人生的奋斗和努力是少不了的，因为，人来到世上注定是要承担责任的。人生需要快乐，也需要幸福，但不承担任何责任的快乐和幸福显然也是不存在的。除非那些对这个社会没有认知能力的傻子，傻傻地乐、不由自主地乐，当然这种幸福和快乐是没有任何意义的。也就是说，一个人的快乐和幸福是尽到责任、履行职责之后的心理体验。毋庸置疑，当今社会里也有不尽孝道之责、不尽教子之责、不尽自身之责者，专门为自己一人谋利益，自己好受就得了，哪管他人的死与活，这种人是极其自私的，也是极其龌龊的，虽然也叫作人，但可以毫不夸张地说，他们与人字几乎沾不上边的。因此，他们只是具备了人的动物属性，没有人的美好思想。他们根本无法享受更高境界的快乐和幸福，枉来人世走一遭。

人的使命和责任究竟有哪些？曾经有一位智者朋友的诠释颇有道理，人的一生要做到三点：老有所安、友有所信、晚有所怀。"老有所安"，意思就是，一个人不但要自己自食其力，还要有能力让自己的亲人长辈安心度日。首先，不能让长辈对自己不放心，每天牵肠挂肚，担心自己不能自立。其次，要让

自己的长辈在物质上比较丰裕，满足生活基本的需求；精神上得到安慰，快乐幸福地享受人生晚年。"友有所信"就是，要做一个讲诚信的人，朋友与之交往能够放心、安心、踏实。让别人乐意与自己交往，在长期的交往中不会给朋友带来任何的伤害，尤其是心灵上的创伤。"晚有所怀"就是，让自己的晚辈或者下级信服你的为人品质，对自己满怀敬仰和信任，能够从自己身上学到有用的人生道理。人如果能做到这三点，就不会枉活一生了；如果能够做到这些，我们就可以自豪地说，自己已经尽到了人的责任。

20 世纪初，一位美国的意大利移民曾为人类精神历史写下灿烂光辉的一笔。他叫弗兰克，经过艰难的积蓄开办了一家小银行。但一次银行抢劫导致了他不平凡的经历，他破了产，储户失支了存款。当他拖着妻子和 4 个儿女从头开始的时候，他决定偿还那笔天文数字般的存款。所有的人都劝他："你为什么要这样做呢？这件事你是没有责任的。"但他回答："是的，在法律上也许我没有，但在道义上，我有责任，我应该还钱。"偿还的代价是 39 年的艰苦生活，寄出最后一笔"债务"时，他轻叹："现在我终于无债一身轻了。"他用一生的辛酸和汗水完成了他的责任，而给世界留下了一笔真正的财富。责任的存在是上天留给世人的一种考验，许多人通不过这场考验，逃匿了；许多人承受了，自己戴上了荆冠；逃匿的人随着时间消逝了，没有在世界上留下一点痕迹；承受的人也会消逝，但他们仍然活着，精神使他们不朽。

人的使命和责任不是从人的生理需求和本能欲望中自发产生的，也不是上帝规定的，而是由人的使命、职责和任务规定的，归根到底是由人所处的社会地位决定的。在现实生活中，人们彼此之间存在着种种社会联系，并对社会和他人承担不同的责任和使命。凡是在共同生活和活动的地方，都有责任存在，梁启超说过一句："人生须知负责任的苦处，才能知道尽责任的乐趣。"

关于一个人要承担的使命和责任，解释起来似乎很复杂，但是真正要去做的话，其实很简单，就是做好自己分内的事情。在这个社会中，每个人都具有多重身份，比如在单位，你是团队的一员；在家中，你是丈夫，是父亲，是儿子；在亲朋好友中，你又有着朋友、兄弟、长辈或晚辈等重重身份。每一个身份都有它对应的责任，都有应该或者不应该做的事情，这些身份每一个人都要面对，如果能够勇于面对这些身份，并且尽最大努力去把它们做好，那么，你完全可以说，你尽到了自己的责任，并为之而感到自豪。

教子小贴士

1. 一定要让儿子自己做自己的事情。

父母对孩子的过多帮助甚至是包办会使孩子失去责任心，所以父母在生活中，要尽量让孩子自己做自己的事情，确立家庭中的分工，让他独自处理自己的问题，思考解决的方法，让他对自己的事情负责，这是最好的养成责任心的方法。

2. 在培养儿子使命感和责任感这件事上，还是那句老话：父母一定要以身作则。

对于孩子来说，他暂时是无法接触到完全的外界社会的，但是他能够每天接触到自己的父母，可以通过父母的言行间接地接触到外界社会。所以，父母千万要记得以身作则，要用使命感和责任心去处理问题，因为孩子正在某个角落关注着你。

第三章
儿子，你是小小男子汉

也许这个世界远比你想象的复杂，当你渐渐意识到这一点时，也许你会犹豫，甚至因为害怕而止步不前。但是爸爸想要告诉你的是：没有任何成功可以轻而易举地取得，坚持努力，勇敢面对，才是你应该有的态度。

从哪里跌倒，就从哪里爬起来

儿子，你还记得吗，你看过的动画片《聪明的一休》中有这样一个情节：一休的母亲为了让他经历磨难从而变得更坚强，让他当和尚，独立生活。有一次，小一休不小心跌倒了，石头磨破了他的腿，当时他的母亲离他只有几步之遥，小一休趴在地上疼得起不来，就将手伸向母亲，可母亲无动于衷，只说了句："用手撑一下，自己爬起来。"一休的母亲让小一休明白了一个道理：跌倒了得自己爬起来。同样，爸爸也希望你能够明白这个道理，无论是小时候走路跌倒，还是长大后遭遇挫折倒下，爸爸都希望你能记住"从哪里跌倒就从哪里爬起来"这句话，激励自己用坚强乐观的态度面对一切。

日常生活中，相信很多人都有体会，通常，在孩子跌倒以后，孩子的父母或亲戚多半会赶快跑过去扶起孩子，一边给孩子拍着身上的灰，一边安慰孩子不要哭；而爷爷奶奶带孩子时更过分，甚至把小孩扶起来后不再让他自己走，而是背着走路；我看到最多的就是，那些爷爷奶奶还要朝着绊倒孩子的地出气，说

"这地真坏，看奶奶怎么打它"，以此来安抚孩子，殊不知，这种推卸责任的做法对于孩子的成长是只有坏处没有益处的，一般孩子跌倒都是因为自己走路不小心，这种责备地面的做法会让孩子从小学会从别人身上找原因，而不懂去反思自我。

不过，近年来越来越多的父母认识到，要培养孩子的独立性和坚强性格，跌倒了一定要自己爬起来。不然，在他们遇到困难的时候，他们首先想到的就是得到别人的帮助，而不是自己去解决问题。但孩子最终要离开别人的呵护，所以，跌倒了，让孩子自己爬起来，让他从小就意识到：失败了，要从容地面对困难与挫折，要努力战胜困难和挫折；跌倒了，切不可沮丧，更不可一蹶不振，在哪里跌倒就从哪里站起来。这样做，一方面，不让孩子有依赖别人的思想，可以培养孩子的自立能力；另一方面，可以培养孩子战胜挫折的坚强意志。

如果孩子跌倒了，父母马上就过去帮忙，那样会让孩子没有机会树立重新站立起来的希望，他们就会逐渐对自己丧失信心。人生的旅程中，绝对不会永远都是平坦大道，坎坷、荆棘、困难都会与人为伴。要生存、要发展，就要同困难交锋，与挫折抗争。一个从小娇生惯养、溺爱过度的孩子，在困难面前容易跌倒，也不会自己爬起来。敢于交锋和抗争者，即便跌倒也会爬起来，最终成为命运的主人和事业上的成功者。

曾经有研究人员做过一个关于跳蚤的实验：他们把一只跳蚤放进一个玻璃杯里，跳蚤很轻松就跳了出来。再重复几遍，结果仍然相同，原来跳蚤跳的高度一般可达到它身体长度的 40 倍左

右。接下来研究人员在杯上加一个玻璃盖，跳蚤一跳起来就会重重地撞在玻璃盖上。跳蚤十分困惑，但是它没有停下来，后来，经历一次次被撞后，跳蚤变得聪明起来，它根据盖子的高度开始调整自己跳的高度。再过一阵子后，这只跳蚤再也没有撞击到这个盖子，而是在盖子下面自由地跳动。一天后，研究人员轻轻地拿掉玻璃盖，跳蚤仍然在原来的这个高度继续跳。3 天以后，实验者发现这只跳蚤还在那里跳。一周以后，这只跳蚤还在玻璃杯里不停地跳着，其实它已经无法跳出这个玻璃杯了。是跳蚤真的不能跳出这个杯子吗？绝对不是，只是它的心里面已经默认了：这个杯子的高度是自己无法逾越的。

儿子，爸爸给你讲这个故事，是想让你知道，爸爸不希望给你的心灵画上任何界线，如果你每次跌倒之后爸爸都会赶紧把你扶起来，其实是等于无形中给你的行为画了一条线，那就是遭遇挫折或跌倒了要等待别人的帮助。这是爸爸不希望看到的。

爸爸的一个朋友在美国，他特意观察了美国的父母是如何带孩子的，小孩跌倒了，父母通常都不去帮忙扶起来。他们通过这种方法教育孩子，让孩子从跌倒的地方自己爬起来，从小就养成独立生活的能力。美国父母的这种做法让孩子知道跌倒是因为自己不小心，因此今后要注意不再跌倒。这样既可以锻炼孩子的毅力，又可以培养他独立生活的态度和能力。而在中国，父母的普遍做法是"赶快扶起来"。这样的教育方法使得孩子脆弱、独立性差、过分依赖父母。

其实，小孩子本来就比较容易摔跤，对于整天上蹿下跳的男

孩子来说，摔跤更是一件正常的事，跌倒了自己爬起来还会继续玩。可是有些时候因为父母的过分表现，让原本很小的一件事变得严重起来。结果，有些孩子跌倒后就不再爬起来，委屈万分地等着大人来抱或是来安慰。其实，孩子在人生之初跌倒时，我们不必过于惊慌，而是鼓励孩子自己爬起来。如果男孩从小没有改变自我境遇的态度和勇气，将来也无法成为一个顶天立地的男子汉。

当然，我们做家长的可以根据实际情况灵活去对待。当孩子跌倒时，如果并不严重，比如在家里木地板上、地垫上、泥土地上摔倒，家长应该不动声色，观察一下，千万不要大惊小怪地"哎呀"一声。很多时候孩子跌倒，其实本身并不疼，是被家长的反应吓哭的。男孩子天生爱冒险，对身边的一切充满了探索的迫切精神，作为家长应该对小磕小碰冷静对待，这样孩子不小心摔一跤可能自己也不以为意。当然，如果孩子确实摔得比较疼，或者出了一点血，那我们一定要赶快过去充满关怀地把孩子抱起来安慰。这个时候就不能再坚持让孩子自己站起来，疼痛和流血带给孩子的惊吓可能会造成心理上的阴影。

教子小贴士

1. 做爸爸的面对摔跤的儿子，要鼓励他勇敢爬起来。

每一个孩子都会跌倒。但是，不要害怕孩子摔跤、失败，一次次跌倒后自己爬起来，就会站得更稳。做爸爸的如果希望儿子将来成为一个坚强的人，首先自己也要坚强起来，看到孩子跌倒

要学会不动声色地去观察和引导。

2. 爸爸要给儿子营造一个培养坚强品格的环境，协调家庭成员的态度。

通常，爷爷奶奶是最心疼孙子的，一看到小孩子摔跤，爷爷奶奶往往是义无反顾冲在第一线的，又是抱起来又是吹又是揉的，做爸爸的自然要多跟他们沟通，在对待孩子摔跤这件事上，家庭成员要意见统一，否则的话是没有任何作用的。

18.

这次由你自己去付账，好不好

今天爸爸去同事家做客，发现同事家的儿子跟你年龄相仿，但是却像个小大人一样，可以独立完成许多事情，显得特别自立和自信。爸爸向同事请教，同事的一番话让爸爸醒悟了不少：不要总是把他当小孩子，很多事情只要他力所能及，就可以大胆放心地交给他去做。连老虎都要从小练习撕咬捕猎，何况是我们呢？很多东西你不让他学着去做，难道他会在未来的某一天突然凭空就会做了吗？是啊，爸爸决定就从生活中那些简单的小事开始，让你自己学着去做，因为这些技能将来都是你生存所必需

的，早一点掌握它们，你会在真正需要独自面对的时候更加轻松坦然。

生活中，有不少爸爸都属于是"包办型"的，总是因为有某种顾虑，就生硬地阻止孩子去独立完成一些事情，这样做其实是比较自私的，因为作为家长，他们考虑的是自己的担忧，做决策的依据是让自己放心，而不是让儿子快乐并得到锻炼机会。检验一个爸爸给儿子的爱是否够格，有一个试金石，即爸爸是否愿意充分地对儿子放手，是否愿意推动孩子自主和独立。作为男孩子，注定要承担更多的家庭和社会责任，一个合格的爸爸要从小去注重培养儿子的生存能力以及自立精神，这需要从一点一滴的小事情做起。

其实，从家长的角度来看，放手让孩子自己去做事，与其说是锻炼孩子，不如说更考验自己。家长应该适当勇敢些，有勇气接受这种考验。上次，学校在暑假要组织一个夏令营，由老师带学生到海边去看海、游泳。你想报名参加，但是妈妈因为你从未独自离开过家，认为你独立照顾自己的能力差，不放心，就不让去，说要等到妈妈放假后，由她亲自带你去玩，爸爸虽然很想让你参加夏令营，但是也觉得妈妈说得有道理，最后也没让你去。你为此非常不乐意。妈妈认为反正都是去看海，都是去捡贝壳、游泳，时间差不多都是一周，妈妈带你去还可以一路照顾你，这有什么不好呢？

但是事后爸爸也做了反思，虽然妈妈的担心是有道理的，毕竟任何一个家长面临这个问题时，都会考虑孩子会不会照顾自

己、安全不安全的问题。但这样的安排有几个错误是爸爸必须要面对的：一是爸爸没考虑你需要社交、需要和同龄人在一起。捡贝壳、游泳只是整个夏令营中的几个点，而你的快乐是在和同龄人一起出远门这整个过程中的。二是夺走了你的一个锻炼机会。你作为一个孩子，"独立照顾自己的能力差"，不正是由于一直缺少这样的锻炼机会吗？培养你照顾自己的一个机会现在好不容易来了，最终却又被我们夺走了。三是因为这件事，爸爸妈妈和你发生了意见冲突，并且最终使你屈服于我们的安排，这有可能会让你觉得自己的意见总是得不到尊重，会给将来埋下逆反的种子，也会影响你性格的发展，要么毫无主见，要么很容易形成只顾自己，不考虑别人感受的思维方式。这都是爸爸需要去改进的。

这也是很多像爸爸一样的家长所经常犯的一个错误：过度呵护。其实，放手不是冒险，而是让孩子通过种种实践机会锻炼胆量和能力，从而也能学会防范危险。如果我们总是怕孩子出意外，总是保护得严严的，将来他真遇到什么事，可能还没有能力和勇气应对。这如同担心孩子摔跤，就不允许他去学习走路，结果是他将来会走得更为艰难。从这个意义上说，过度呵护也给孩子的安全留下隐患。很多时候，只要各方面问题考虑周到，是完全可以放手让你自己去锻炼一下的。比如前面提到的夏令营问题，爸爸最担心的安全问题，正确的处理方法应该是和学校共同探讨，把出行方案好好研究一下，把每个细节推敲好了，确保活动顺利进行；另外爸爸平时也必须去抓住机会对你进行安全教

育，让你学会照顾自己、保护自己。在这个基础上，要尽可能早地让你独立去参与各种活动。一旦觉得可行，就高高兴兴地让你去做。这才是正确的应对方法。

这天，你告诉爸爸，你要一个人到小区附近的超市买一样东西。爸爸没有阻止你，让你自己走出了家门。但爸爸还是担心你，于是偷偷地放轻脚步，尾随你出了门。一路上爸爸发现，你并没有之前爸爸想象的那么莽撞，你已经能够在确认安全之后穿越马路。看来爸爸这些天来对你进行的教育还是很奏效的，那天爸爸特意告诉你，有想去的地方都可以去，只是问路时，找穿警服的人最安全，还鼓励你"如果环境很熟悉，回来时，要走与去时不同的路"。这些你都做到了，并没有像爸爸担心的那样，把那些话当作耳边风。后来，爸爸又尝试着让你自己去超市采购家庭用品、自己订车票、去银行交水电费等，你都很好地完成了，这也让爸爸坚信，很多事情只要放手让你去做，你一定会做得很好。

其实这种能力是每个男孩与生俱来的，比如小的时候，每个男孩都有很强的好奇心，对他认为很新鲜的事物都跃跃欲试。然而，不同的家长对待孩子的这种好奇心的不同态度会带来截然相反的结果。比如很多家长都抱怨自己的男孩："我家的孩子这么大了，自己都不会做饭，我要是不在家，他只能饿着。"而另一些家长却骄傲地说："我们家孩子很懂事，他什么都会做，就算我出差半年，他也会把自己照顾得很好。"

这时，不用太多的解释，想必我们也应该明白了。前一种父

母往往是对孩子"最不放心"的父母，他们的事事包办让孩子养成了依赖性强、独立性差的坏习惯；而后一种父母往往给予孩子充分的信任和自主权，他们让孩子自己去体验尝试的喜悦，并坚信孩子能做到。因为他们知道，小男子汉最容易被这句话所打动："儿子，这件事交给你去做。"

教子小贴士

1. 爸爸要学会在适当的时候"袖手旁观"。

很多时候，要想让儿子更快地学会一些基本生存技能，爸爸其实要做的事情非常简单，那就是"袖手旁观"，因为只有在这个时候，你才会惊喜地在儿子身上看到他独立处理问题的能力和思考方式，即便是不那么顺利，这也是他宝贵的经验积累。

2. 有意识地培养儿子独立的能力。

除了从小培养让他自己洗手、洗脸、刷牙、穿衣服，做一些力所能及的事情外，还可以让他做一些内容复杂的事情。如缝扣子，洗碗筷，摆碗筷、桌椅，到不远的地方买东西等。唯有把培养孩子的独立性作为孩子健康发展的重要目标之一，自始至终贯彻在孩子的日常生活中，才能培养孩子良好的生活习惯和独立生活的能力。

你看，这件事情连爸爸做起来也不那么轻松

今天是周末，爸爸带你去参观了航模展览，你兴奋得不得了，告诉爸爸说也要亲手做一个威风漂亮的航模出来，爸爸当然赞成你，于是带你去采购了制作航模所需要的材料，回来之后就迫不及待地开始动手制作。然而实际的过程却并没有像你期待的那么顺利，不是这里出了问题，就是那里出了问题，两个小时过去了，你想象中的漂亮威风的航模连翅膀都还没有组装起来。你很懊恼，觉得自己太笨，连航模都弄不好，有些垂头丧气，爸爸赶忙来助阵，没想到第一次弄航模也是一头雾水，两个人忙乎得忘了吃饭，才完成了80%。吃晚饭的时候，你的话明显少了许多，还沉浸在之前的沮丧中。儿子，其实要做好任何一件事都不是那么容易的，就像航模，连爸爸也是费了好大劲才帮到你。每个人的能力都是有限的，所以才需要去学习、去成长，不要因为某件事没做好就怀疑自己的能力，那无疑是大错特错的。

爸爸曾经在一本杂志上看到过美国的学校对学生进行的一项测验。测验的主要内容是跑步，与众不同的是，跑之前，每个人

需要根据对自己的判断，先预估自己的速度，跑完之后按实际速度跟预测的差距加减分。比如跑 800 米，你预测 3 分钟，实际跑了两分半钟，这是要扣分的。这个测验很有意思，最终的评价中有两点：一是你的绝对速度，二是你对自己的认识。当然跑步的绝对速度是外界的一个标准，我们从小就很熟悉。但是对自己能力的正确评价却很少强调，比较普遍的做法是：不管你能力如何，最好达到一个统一标准，越快越好。

这其实也属于教育内容的一个缺失。我们都说世界上没有任何两个人是完全相同的，但是现有的学校测验考试体系却暗示不一样的能力应该可以通过教育来抹平。许多测验和考试的目的就是要求受教育的孩子达到某个标准的要求。这个大纲对于有些孩子是很简单的，对另外一些孩子可能是很困难的。这套测验体系的一个重大缺点就是没有强调：即使在同一个环境里，你的能力也在不断变化。

儿子，你虽然还小，但是在很多事情上，你要学着去了解自己，并且对自己的能力做出正确的评估，无论是眼前的学习还是将来步入社会参加工作，如何评价自己、找到最能发挥自己潜力的位置都是一项很重要的能力。

在遥远的高山，一只鹰从高岩上飞下来，以非常优美的姿势俯冲而下，一把把一头山羊抓住，完成了一次成功的狩猎。这一幕被它的孩子——一只幼鹰看在眼里，小家伙非常激动，虽然妈妈目前教它的只是如何去飞翔和保持平衡，但是它已经迫不及待地要像妈妈一样去捕猎了。于是在每天的飞行练习中，它凭借着

对妈妈的记忆，反复练习俯冲的姿势，也希望像妈妈一样去抓一头羊。过了几天，它觉得练习得差不多了，这天它在空中苦苦寻觅终于发现一头山羊，它立刻呼啦啦地从山崖上俯冲而下，猛扑到这头山羊身上，狠命地想把羊抓走，然而它的气力实在太小，根本抓不起来山羊，自己的脚爪反倒被羊毛缠住了，拔也拔不出来。尽管它不断地使劲拍打翅膀，但仍飞不起来。牧羊人看到后，跑过去准备把小鹰抓住，幸亏鹰妈妈及时赶到解围，才侥幸脱险。

可怜的幼鹰就是因为对于自己的能力估计过高，不能正确地评价自己才导致了最后的悲剧。儿子，你也是一样，你需要学的本领还有很多很多，你的能力还有非常大的提升和发展空间，不要因为一时的挫折而怀疑自己的能力，很多事情并不像你想象的那么简单，它需要你对自己的能力有充分的了解和认知，比如航模，你眼下无法独自完成，并不代表你将来也不能。重要的是，现在的你，要了解自己为什么不能完成；而将来的你，也要清楚自己通过了哪些努力最终可以完成，这是一个人对于自身能力的正确把握，以及对于能力提高的正确态度。

小鹰想学妈妈那样捕猎山羊，其精神是值得钦佩的，但是它首先要认清自己，如果要想蜕变成一只可以捕猎的雄鹰，需要付出异常艰苦的努力，而不只是简单地学着妈妈的样子俯冲下山崖的姿势。它还需要锻炼自己的力量、反复地磨砺自己的爪子、练习自己的眼力……只有这样，小鹰才有可能抓到山羊；只有经历了这个过程，小鹰才可能蜕变成一只真正的雄鹰。

儿子，你也是一样，你的能力需要不断去磨砺和锻炼才能得到提升，故事里的小鹰失败一次并不可怕，怕的是失败了，依然不知道自己为什么失败。它要明白自己为什么不能像妈妈那样去捕猎，也要明白自己要怎样才能变成一只真正的雄鹰。我们相信，只要小鹰有自己的信念，正确地认识自我，它最终可以变成一只翱翔在天空的雄鹰。爸爸不希望看到你因为航模没弄好就垂头丧气，因为这件事情确实超出了你的能力范围，你看，即便是爸爸来帮忙，也是累了一头汗还没有完成，所以你不必有任何的沮丧，也希望你能通过这件事对自己的能力有一个正确的评价和把握，不要轻易去做那些力不能及的事情，同时也要注重自身能力的锻炼和提高，终有一天，你能够像你所想的那样，成为一个能力非凡的成功者。

教子小贴士

1. 要引导孩子明白"量力而行"的道理。

小男孩从来都是天不怕地不怕，很多时候他们不懂得去考虑自身的能力，而一味地去占有、去争抢，无论是日常生活中还是在学校跟同学之间，爸爸都要引导他避免自不量力的情形，比如吃饭时非得要很多、跟同伴玩耍时占有欲过强，等等。这些细节都是需要爸爸去留意的。

2. 教孩子在每做一件事之前对自己进行正确的评估。

就像文中开头提到的那样，像国外孩子所做的测验那样，每做一件事之前让儿子先根据自身能力去估计结果，这样做的目的

是引导他形成正确的自我能力评价态度，不管是对于眼下的学习还是对将来的成长，都有着举足轻重的意义。

每天晚上记得算一算今天浪费了多少时间

最近，你常常跟爸爸抱怨，说作业多，写完都很晚了，睡觉也睡不够，其实爸爸从你每天早上起床的困难程度是可以观察出来的，现在的孩子确实学习任务比较重，但是你有没有从自身去找一找原因呢？我昨天晚上偷偷观察了一下，你吃完饭，在大人收拾厨房的时候，你本可以去学习的，但是你就是要在客厅磨磨蹭蹭多看两眼电视，等到开始学习，你又翻翻这翻翻那，好一会儿才进入状态。不一会儿又要去厕所，然后坐在马桶上抠抠手指头又磨蹭一会儿。这样下来，其实有大约 1/3 的时间是浪费了，如果能把这些时间省出来，你的睡眠时间就会增加不少。古人说过：惜时如金，时间是最宝贵的，爸爸希望你能从小养成珍惜时间的好习惯。

著名的科学家爱因斯坦说过一句话："人的差异在于业余时间。"说的就是人们对于时间的态度。由于每个人对时间的处理

态度和安排内容都不一样，所以导致了不同的人会有不同的成就。我们不妨看看，历史上那些杰出的人们，往往都是那些珍惜时间的人。相反，不懂得珍惜时间的人，最终也难逃平庸和沉沦的结果。

爸爸先给你讲一个小故事吧，有两个和尚分别住在相邻的两座山上，两座山之间有一条小溪，这两个和尚每天都会在同一时间下山去溪边挑水，久而久之，他们便成为好朋友了。就这样，时间在每天挑水中不知不觉已经过了 3 年。突然有一天，左边这座山的和尚没有下山挑水，右边那座山的和尚心想："他是不是睡过头了？"也没怎么放在心上，哪知第二天，左边这座山的和尚还是没有下山挑水，第三天也一样，到了第四天，右边那座山的和尚心中开始不安起来，他想："我的朋友是不是生病了？我得去看看他。"于是他就爬上左边的那座山到庙里去看他的朋友。等他到达左边那座山的庙，看到他的朋友之后，不禁大吃一惊，因为他的老友正在庙的前面打太极拳，怡然自乐，一点儿也不像好几天没喝水的人，他非常惊奇，问道："你已经好几天没有下山挑水了，难道你可以不用喝水吗？"左边这座山的和尚说："你跟我来看。"于是，他带着右边那座山的和尚走到庙的后院，指着一口井说："这 3 年来，我每天做完功课之后都会抽一点时间挖这口井。即使有时很忙，也没有停止过，每天能挖多少就算多少。如今，终于让我挖出井水，我就不必再下山挑水，每天可以有更多时间，练我喜欢的太极拳了。"

一个人挖一口井出来并不是一件容易的事情，可能需要很长

时间，但是儿子，你发现没有，左边山上的这个和尚抽出时间来最终挖成了这口井，而同样的 3 年过去了。右边山上的和尚也并没有比左边山上的和尚多出来多少时间，所以说，不懂得节省时间，其实就是在浪费时间。右边山上的和尚同样度过了 3 年时间，却比左边山上的和尚少挖了一口井，而且左边山上的和尚有了这口水井之后，会节省更多打水的时间，去做他想要做的事情。爸爸给你讲这个故事，其实是想提醒你，时间就像海绵里的水，只要你有意识地去节约时间，去挤时间，就会有的。如果你每天晚上把你浪费的时间节约出来，你就可以早睡 40 分钟，早上也就等于是多睡了 40 分钟，起床的时候也就不那么难受了，而且你白天会更有精神，一举两得，何乐而不为呢？

　　不光是晚上做功课时，其实在平常的生活中，你也可以利用很多机会去学着节约时间，提高时间的利用效率。首先你一定要养成专心的好习惯。专心致志的品质其实是可以后天培养的，最切实可行的方法是从生活入手。比如，对穿衣、吃饭、收拾书包、洗衣服等生活上的事情采用限时完成法，需要多长时间，我们应该事先一起设定好，然后在完成的过程中下意识地去提高效率。这样的计时劳动、计时阅读等细节会有不错的效果，可以帮助你培养专心的品质。

　　还有，你一定要记住，时间的流逝是随时随地的，要学会利用那些零碎的时间，也可以提高你平时的效率。比如，在晨跑或洗澡时听英语录音、在盥洗池旁贴一张词汇表、每天刷牙时熟记一个生词……其实，这正是"统筹方法"的运用。当然，这种一

心二用一定要在保证不影响"正事"的完成效果的基础上进行，更重要的一点是，一定要坚持不懈，形成习惯之后，你每天就会在不知不觉之间比别人多出来很多时间。

还需要强调的是，你要学会养成守时的习惯。守时是如今社会一个十分重要的品质，一个人养成言而有信、准确守时的好习惯是十分重要的。比如，你在看电视或玩电脑时，爸爸每次都要事先跟你约定多长时间，约定的时间一到，马上就要停止；在带你出去玩时，爸爸也总是要求你在约定的时间内收拾好自己的东西，如果不能按时，就以取消活动来作为惩罚。一开始的时候，你并不乐意，但是爸爸坚持了几次之后，你也形成看着时间办事的习惯了。这不是爸爸苛刻，而是爸爸知道守时对于一个人来说是非常重要的品质，不仅仅是尊重和珍惜自己的时间，同时也是对别人时间的尊重和珍惜。

教子小贴士

1. 要学会尊重孩子的选择，关注孩子的兴趣和需要。

男孩子比较好动，做什么事情容易躁动不安，我们要做个有心人，多多观察孩子的兴趣和爱好，并适当满足孩子的合理需求。例如，孩子对涂鸦很感兴趣，但不爱看书，父母就可以投其所好，鼓励孩子用喜欢的方式，比如，用指点画、碎纸撕贴、创意涂鸦、剪贴等形式来制作动画书、汽车书、动物书等个性图画书来满足孩子的需要，以此激发其阅读兴趣。有了兴趣，孩子的注意力就会大大提高，效率提高了，时间就节约下来了。

2. 让孩子参与活动时间规则的制定，增强遵守时间的自觉性。

作为爸爸，可能日常生活中最容易犯的错误就是将自己的想法和规则强加在孩子身上，其实应该把孩子看作独立的个体，和他一起商量制定适合的计划表，这是很值得尝试的一个小技巧。因为只有这样，孩子才能在平等民主的氛围下有一种参与感，体验到家长对他的尊重。而且，这样的时间计划表是真正意义上孩子自己制定的时间规则，孩子比较乐意接受，他们按照计划表的时间去执行的兴趣和积极性也会提高很多。

想清楚了，就按照你的想法去做吧

儿子，昨晚你做了一件让爸爸哭笑不得的事情，做作业时你遇到一道难题，即便是在爸爸给你讲解之后，你居然还要求爸爸帮你做，说是怕做错了，不敢下笔。爸爸又想起来前两天你在练习跆拳道时记不住动作，老做错，教练提示后你犹犹豫豫地做，好像总是怕错了。这可不是个好现象，爸爸希望你能够成为一个坚强果断的小男子汉，做什么事情无论大小都不能养成拖拖拉拉

的习惯。你将来还要面对许多更困难的事情，还要在许多重要的时刻做出你自己的人生抉择，这都需要你成为一个头脑清醒、果断的人，爸爸希望你从小就能够培养这样的品质。

爸爸知道，在你成长的过程中，总会遇到一些力所不能及的事情，面对这样的事情，不同的孩子会有不同的表现。就男孩子而言，我总是希望你能够不畏艰难、虚心请教、勇于面对。不过这是一种美好的期待，对于不少的孩子来说，有些困难就是一道无法逾越的鸿沟，无从下手，也没有什么好办法解决。所以，爸爸都会尽量站在你的角度来体谅你的难处，并且给予力所能及的帮助，这样做，是希望让你多感受到成功的快乐，从而帮助你慢慢建立自信心去面对。

很多情况下，父母出于爱护孩子，唯恐委屈了孩子，不管遇到什么问题都会一味包办代替，或过多干涉孩子的事情。这样，孩子就没有独立做事的经验，一旦遇事让他拿主意时，就会不知所措，寻求别人的帮助。也有的父母望子成龙心切，对待孩子往往期望过高，总是不满意孩子的表现，赞许少、批评多。有的父母还让孩子做力不能及的事，又不帮助他，结果孩子常常感到失败的痛苦，久而久之就无自信、害怕做错事，更拿不定主意。

爸爸认为，任何一个男孩，都不能只活在家长的梦想里。所以，爸爸希望从你小的时候便引导你去积累成功的能力和品质。在这里爸爸想先给你讲一个小故事，说是有一个6岁的小男孩，有一天他在外面玩耍时，发现了一个被风从树上吹掉在地的鸟巢，鸟巢里面还有一个嗷嗷待哺的小麻雀。小男孩决定把它带回

家喂养。当他捧着鸟巢走到家门口的时候，他突然想起妈妈不允许他在家里养小动物。于是，他轻轻地把小麻雀放在门口，急忙走进屋去请求妈妈。在他的哀求下，妈妈终于破例答应了。小男孩兴奋地跑到门口，不料小麻雀已经不见了，他看见一只黑猫正在意犹未尽舔着嘴巴。小男孩为此伤心了很久。但从此他也记住了一个教训：只要是自己认定的事情，绝不可优柔寡断。

爸爸是想让你明白：在人生中，思前想后、犹豫不决固然可以避免一些做错事的可能，但也有可能会失去更多成功的机遇。所以一件事情，只要你想清楚了，就要勇敢果断地去做，这才是你面对这个世界应有的态度。当然爸爸需要做的也很多，比如，有时候我会随时指出你做错的事情，并给予及时的批评，但是却完全忘记告诉你如何恰当地去做。在这种情况下，其实对你是没有任何帮助的。而且这种经常性的指责和批评有可能导致你给自己贴上一个"我不行"的标签，从而丧失寻找正确解决之道的动机。所以，爸爸也在时刻提醒自己，要想解决你遇事犹豫怕做错的问题，自己就需要在你做错的时候试着去理解你的难处，并用恰当的方式告诉你正确的做法是什么。毕竟你还小，对错误很敏感，爸爸需要充分考虑到你的自尊心，通过这样的自我提醒，爸爸也在不断地完善自己，目的只有一个，那就是培养你遇事果断作决定的能力。

当然，这并不是一件容易的事情，即便是对于成年人来说，也难免会遇到问题左右为难的时候，这其实需要正确的思维模式去解决。通常来说，决定是面对两个选择取其一之一。有的时

候，我们为什么会犹豫不决，就是因为两个选择差不多。如果差别看起来很明显，就不会这么犹豫了。所以，不需要在两个差不多的选择中非要选个最佳，按照直觉选择一个就可以了，这有助于你尽快作出决定。还有就是，很多时候尽自己努力去做就是了，其他的顺其自然。因为即使考虑得周全，也不能保证结果是满意的。所谓人算不如天算，谁也不能保证决定完全正确，所以不必思前想后，从而耽误了宝贵的时间。

教子小贴士

1. 对于孩子，尤其是男孩子来说，父母不要过于呵护，以免导致孩子依赖性过强。

不妨试着放手让他去做力所能及的事，因为孩子的特点是好奇好动的，一般都愿意参加一些活动。父母要尽早让孩子练习一些基本的生活技能，独立完成一些简单的事情。凡是孩子能够做到的，父母尽量不插手，给孩子足够的时间去思考、尝试，发现自己的能力。孩子感觉自己有能力去做好某件事，就会果断地去做。

2. 主动给孩子创造机会，鼓励孩子下决心。

通常一个人在作出一个决定之前，需要考虑利弊得失。男孩子将来需要承担的责任更多，应从小在一定范围内给孩子充分自主的机会，让孩子有自我决策和选择的权利，凭自己的思考、能力去决定做什么事、如何做。

3. 对于孩子做的每一件事都要正面去评价。

作为爸爸，对孩子要求不要过高，要多鼓励、少批评。对孩

子竭尽全力也没做好的事，父母要给予理解，还要告诉孩子"没关系，以后再慢慢努力。爸爸小时候也常常这样"这种正确的评价，可减轻孩子的心理压力，下次做事，他会再一次鼓起勇气去做。

4. 需要时给孩子必要的帮助。

对于完成难度比较大的事，家长应同孩子一起去做，并给予适当帮助，教孩子逐步学会一些克服困难的方法和技巧。孩子有了成功的经验，就会从心理层面上增强自信，做事自然也就果断起来。

别害怕，爸爸相信你一定能做到的

从你6个月大时，你就表现出了男孩子独有的特质，在很多时候，你尝试通过自己的探索去达到目的，而不是像女孩子那样去哭个不停。爸爸为此欣慰而又兴奋，随着你渐渐地长大，你作为男孩子的冒险精神曾经让我头疼不已，但是爸爸始终很乐于看到你敢闯敢拼的样子。再后来你长得更大了，不再像个小孩子那样整天疯跑让爸爸担心了，但是你又要开始面对更多更复杂的问

题，有些时候，爸爸也能隐约看到你的恐惧和犹豫，因为对于一个孩子而言，这个世界上有太多的"第一次"需要去实践和克服，爸爸希望无论任何时候，无论遇到任何事，你都能够扔掉心中的恐惧，勇敢地向前迈进，追求自己的梦想。

儿子，还记得爸爸带你郊游时爬树的那件事吗？那次我们一块在郊外玩，你忽然说很想爬上旁边的那棵小树，爸爸很意外你忽然有这样的勇气，于是就答应你，然后假装在一边玩，暗中偷偷地观察着你的一举一动。

只见你在树下仔细地看了一会儿，一开始显得有点笨拙地慢慢向上爬，好不容易爬上树的主干，你却开始用脚去踩一条很细的枝干。眼看那条枝干就要被踩断，爸爸的心快要提到了嗓子眼了，刚想跑过去接住将要从树上摔下来的你，没想到，你却忽然对那条细枝干失去了兴趣，继续向主干上爬，最终你爬到了一个结实的树杈上，得意地向爸爸炫耀你的成绩。

后来等你玩够了从树上下来之后爸爸才问你："儿子，你在爬树之前，在树下看了半天，你在找什么东西吗？""不是，爸爸，我在考察'地形'，看看这棵树从哪个角度最容易爬上去。"你一本正经地回答。"你刚才是不是差点把那条小细枝干踩断，从树上掉下来呀？"爸爸想起那根细树枝，又忍不住问你，你却说那是你在试探看那根树枝的承受能力究竟有多大，不会掉下来的。

这件事让爸爸印象深刻，任何一个男孩都是很聪明的，虽然他们有一种没有任何理由就会去冒险的特性，但他们在冒险之前

还是会对事情做一定的分析。你小时候爬树的例子就是一个很好的证明，在你爬树的过程中，爸爸发现，你不仅学会了观察，还获得了很多其他方面的知识，爸爸也在庆幸自己没有轻易阻止你去爬树。如果因为担心而加以阻拦的话，那么你就失去了这次锻炼的机会，爸爸也失去了一次了解你的机会。退一万步来说，以那棵树的高度，如果真的会掉下来，爸爸在场应该也是不会有什么大问题的，而且你将知道下次如何才能避免掉下来，一样会有所收获。

不过随着年龄的增长，以及你接触更多更复杂的东西之后，爸爸发现，你的勇气在逐渐消磨。比如说在面对陌生人或在一个不熟悉的环境中时，你偶尔会显得局促不安；当遇到不熟悉但认识的同学，有时候你会不好意思去打招呼，要知道这有可能会让人误解为高傲、目中无人，从而影响你的人际关系。你要明白，当一项新的任务摆在面前的时候，胆小退缩的人总是缺乏信心，认为自己可能无法完成这项任务，可能就会放弃或逃避，结果呢，就是比其他人少了很多发展的机遇。有时候你会表现得过于在乎别人的评价，对于别人的话过于敏感，所以别人的一句否定或批评可能就会让你闷闷不乐、耿耿于怀，从而影响了自己的心情。无论在学习上还是生活上，这种缺乏主动性、勇气和信心的表现都是爸爸不希望看到的，因为它会让你错过许多原本属于自己的成功和幸福。

可以说害怕和退缩的确是人们生活中的一大障碍，是成长、成功道路上的绊脚石，那么，我们如何踢开这块绊脚石，勇往直

前地走在成长、成熟、成功的道路上呢？首先，树立自信心是战胜胆怯退缩的重要的法宝。胆怯退缩的人往往是缺乏自信的人，对自己是否有能力完成某些事情表示怀疑，结果可能会由于心理紧张、拘谨而使得原本可以做好的事情弄糟了。那次你跟我说过，有一个同学本来平时成绩不错，但是一遇到比较重大的考试就紧张得不得了，结果成绩出来很糟糕，这就是缺乏自信的表现。如果你也在做某些事的时候紧张，那么在做之前就应该为自己打气，相信自己起码有能力发挥自己的水平，然后只要自己去努力就可以了。

关于害怕和退缩，爸爸还想给你讲一个小故事。是说有一个登山爱好者去爬一座很高的山，因为种种原因被困在了半山腰，上也不行，下也不行，眼看天黑了，他还没能联系到救援队伍，虽然有登山索保证他的安全，但是山中到了夜里气温非常低，他如果不能找到一个避寒的地方，一定会被致命的低温夺去性命。这时候他开始害怕起来，慌乱中踩空，笔直地向下坠去，那一瞬间，他脑海一片空白，不知道过了多久，下坠突然停止了，原来是之前固定的登山索起了作用，他悬在空中，四周一片黑暗，手脚都没有地方可以借力，于是他绝望地放弃了，最终冻死在登山索上。第二天，救援队发现了他悬在距离地面不足 3 米的冰冷的尸体，原本只要他不因为害怕而绝望，失去思考的能力，他完全可以试着把身上的水壶等东西丢下去试探一下到底还有多高，然后用小刀把登山索割断下到地面，找一个避风的角落坚持到天亮的。可惜就是因为他被害怕夺去了勇气，最终丢掉了性命。

所以说，不管什么时候，不管是面对什么事情，你一定不能因为害怕而丧失勇气，要告诉自己"我一定能做到"，这就是成功者所必需的强大武器：信心。有了它，即使面对再复杂、再艰难的局面，你也能够鼓起前行的勇气。

教子小贴士

1. 帮助儿子做好充分的准备，为树立自信心打下基础。

自信心不是凭空产生的。在每做一件事情之前，都应该帮助他做好充分的准备，这样就增加了取得成功的可能性。而每一次成功又成为儿子尝试下一个任务的动力，从而形成一个良性循环，最终使得他越来越自信，越来越敢于尝试新的东西，迎接更多的挑战，为自己争得更多的发展机遇，赢得更多成功的体验。

2. 一旦儿子遭遇失败，要帮助他学会总结经验。

每当遇到失败的时候，如果只顾着垂头丧气、耿耿于怀，那其实等于是把失败归结于自身，即认为自己能力不够，或者认为自己不聪明；相反，如果他能对失败进行积极的总结，那情况可能就大不一样了。认真地总结经验有助于鼓起他再一次面对的勇气，也增加了他下一次取得成功的概率，可以帮助他克服害怕、树立信心。

坚持努力，爸爸坚信你将会成为了不起的人

最近你迷上了健身，对电视里那些肌肉发达、充满男子汉气息的明星崇拜不已，你还自己从网上找了些健身的方法图示，每天晚上睡觉前趴在卧室做俯卧撑与仰卧起坐，爸爸当然很乐意看到你锻炼身体，但问题是，你这股劲头也就热了半个月，然后就无声无息了。有天晚上我特意跑去问你为何不再坚持了，你说："唉，练了这么多天，肌肉块儿一个也没出来。"儿子，很多事情并不是一朝一夕就能看到结果的，只要你坚持努力，就一定会有成功的那一天。将来还会有许多事情的结果会体现得比健身更漫长，爸爸不希望你是一个凡事三分钟热度的人，希望你能够有耐心去朝着你想要的方向坚持努力，如果你做到了，成功一定是属于你的。

再伟大的建筑，也需要一砖一瓦一天一天建造起来；再庞大的计划，也需要一步一步按部就班地去实现。对于艺术家来说，"台上一分钟，台下十年功"；对于运动员来说，赛场上哪怕是0.1秒的成绩提高，也需要千百次的艰苦训练才能达成。成功从

来都不是朝夕之间的事情。即便是一举成名的才子，也必然要经过十年寒窗的磨砺。想要成功的人，必然要遵守成功的法则去努力，那就是一步一步脚踏实地地努力拼搏。

儿子，也许你还不曾想过，在这个世界上，同样是人，为什么有的显达、富有、成功，而有的平庸、贫穷、失败？如果说这取决于能力，难道能力是天生的？如果说取决于知识，为什么有的人有知识而另一些人没有？如果说取决于机遇，为什么生活把机遇赐给有的人而不给另一些人？其实这些理由都是表象，真正的原因在于是否拥有不懈努力坚持奋斗的态度。在那些未知的成功之路上，只有那些拥有坚持不懈的奋斗精神的人才能得到最终的结果。成功的过程就如同盖房子，首先要挖地基、打基础，然后一点一点向上建设，先造柱子，后砌墙，再上楼板，都有着固定的流程，当我们看到一座雄伟的房子矗立在那里的时候，感叹之余，也要看到它建设的过程，了解雄伟背后的辛勤劳动。因为我们的成功也要经历如此的过程。从小到大，一步一步地去实现。房子不可能一夜之间盖起来，成功也不可能朝夕之间就得到，无论从事任何行业，学习、经商，或者是艺术造诣，要想获得成功，都必须经历这个过程。

事实上，那些取得非凡成就的人，并非一定就具有过人的才华，但他们能够在一生中有所建树，有时甚至是惊人的成就，无非是因为他们明白了这样一个道理：成功不只是一时的奋发图强，而必须是一个连续的努力过程，不断地持续进行。做到了这点，那么目标终究会达到。"继续——继续——继续"是成功的

三点公式。然而不幸的是，大多数人持续的时间不够，厌倦了，或被挫折击倒，一蹶不振。爸爸看到你锻炼健身半途而废的情形，心里并不好受，也许你现在还并不太愿意去思考那些大道理，爸爸希望用下面这个小故事让你有所领悟。

传说，有两个人偶然与神仙邂逅，神仙向他们传授酿酒的方法，吩咐他们选端午那天成熟、谷粒饱满的大米，与冰雪初融时高山飞瀑、流泉的水珠调和均匀，注入千年紫砂土烧制成的陶瓮，再用初夏第一张沐浴朝阳的新荷裹紧，密闭七七四十九天，直到凌晨鸡叫 3 遍后方可启封。

就像你之前听过的每一个传说里的英雄一样，这两个人牢记神仙的秘方，历尽千辛万苦，跋涉千山万水，风餐露宿，最终终于找齐了所有必需的材料，他们按照神仙所传授的步骤密封了罐子，然后潜心等候着那激动人心、注定要到来的一刻。时间一天天地过去了，对于他们来说简直是度日如年。当第四十九天终于到来时，即将开瓮的美酒使两人兴奋得整夜都不能入睡，他们彻夜都竖起耳朵准备聆听鸡鸣的声音。终于，远远地传来了第一声鸡啼，悠长而高亢。又过了很久很久，依稀响起了第二声，缓慢而低沉。等啊，等啊，却怎么也等不来第三遍鸡啼，两个人急得像热锅上的蚂蚁。其中一个再也按捺不住了，他放弃了再忍耐，迫不及待地打开了陶瓮，但结果却让他惊呆了——里面是一汪水，混浊、发黄，像醋一样酸，又仿佛苦胆一般苦，还有一股难闻的怪味……怎么会这样？他懊悔不已，但一切都不可挽回，即使加上他所有的跺脚、自责和叹息。最后，他只有失望地将这汪

水倒洒在地上。

而另外一个人，虽然心中的欲望像一把野火熊熊燃烧，煎熬得他好几次都想伸手掀开瓮盖，但每一次他都咬紧牙关挺住了，直到第三声鸡啼响彻云霄，东方一轮红日冉冉升起，他才颤抖着双手打开了盖子，于是，他品尝到了清澈甘甜、沁人心脾的琼浆玉液。

在生活中，其实有许多成功者，他们与失败者的区别往往不是更高的学问和更大的梦想，也不是有多么丰富的资源在支持他们，而只在于他们的韧性和坚持努力，在于他们多坚持了那一刻——有时是一年，有时是一天，有时，仅仅是一声鸡啼的时间。成功与失败，就在于你是否能够坚持到最后。儿子，你的健身是如此，你未来要为之奋斗的梦想也是如此，爸爸希望你永远都能够记住这个小故事，时刻提醒自己：努力、坚持。

教子小贴士

1. 让儿子明白坚持不懈对于实现梦想的重要性。

法国伟大的启蒙思想家布封曾经说过："天才就是长期的坚持不懈。"坚持包含两层意义，一是意志坚强、坚韧不拔的精神状态，一是意志力的完美表现。可以用日常生活中的一些小事，比如做家务等来锻炼他的意志力，逐渐培养他坚韧不拔的精神。

2. 不妨用一些小惩罚以及反面事例来适当刺激。

在生活中跟儿子商定坚持一些习惯等，如果做不到要如何惩罚。需要的时候可以身体力行陪儿子一起坚持。最终目标是让他

明白做事虎头蛇尾的危害性。让他体会到：无论前期做了多么巨大的努力，哪怕只有最后一小步走错了，也会导致全盘皆输。

24.

要记住，每个人都有值得你学习的地方

昨天你从学校回来气鼓鼓的，问你缘故，你说是老师在钢琴课上说你弹琴不如另外一个同学好，要你向那位同学学习，你很不服气，跟爸爸说那位同学平时成绩还没有你好呢，有什么好向他学习的。爸爸觉得你之所以生气，可能是因为老师当众那么说让你觉得自尊心受到了伤害，但是以爸爸对你那个同学的了解，他参加过钢琴比赛还拿到了名次，就钢琴的水平而言，确实是要比你好很多，老师让你向那位同学学习钢琴技巧没有任何不对的地方，你应该虚心接受才对。儿子，你要知道，这个世界很大很大，天外有天，比你强的人比比皆是，要正确认识这个现实，即便是那位同学成绩不如你，但是就弹钢琴而言，你确实应该向他学习。

其实，作为一个男孩子，爸爸是很乐意看到你身上那股不服输的劲头，这种精神有时候可能是一种积极的竞争精神，但有时

候也有可能是因为你太过骄傲，喜欢孤芳自赏。你从小就习惯了以自我为中心的生活环境，也许这种欣赏别人优点的美德正是你所缺乏的。当然，这并不是在否定你，并不是说你不够优秀，而是说你有可能会用自己的"骄傲"把自己独锁在"骄傲王国"，总是觉得别人的成绩和优点微不足道，而你自身却没有意识到自己的狭隘，这对你的成长是极为不利的。

当然，你成绩比那位同学好这也是客观事实，但是你必须认识到，在功课的范围内，你能力比他强，但是在钢琴的范围内，他确实是能力比你强。我们每个人身上的某种优势只不过限定在一个很小的范围内，放在一个较大的范围内有可能失去这种优势，所以优势只是相对而言。不要因为你成绩好就看不起人家比你厉害很多的钢琴水平，这是不对的。爸爸给你讲一个小笑话吧，也许你听了之后在大笑之余，会有所感悟。

有一个博士生毕业之后到一家研究所工作，按照学历来说，他是所里学历最高的人，他因此自豪不已，平时看谁都不放在眼里。有一天，他到单位后面的小池塘去钓鱼，正好正副所长在他的一左一右，也在钓鱼。他见到领导也只是微微点了点头，心想两位所长都是本科学历，跟他们有啥好聊的呢？

不一会儿，正所长放下鱼竿，伸伸懒腰，做出了一个惊人的举动，他竟然一脚跨进水里，而且"蹭蹭蹭"从水面上快步如飞地走到对面上厕所。博士的眼睛瞪得都快要掉下来了，这是什么功夫？水上漂？这可是一个池塘啊，这不科学！然而紧接着所长上完厕所，同样又是"蹭蹭蹭"地从水面上"飘"回来了……博

士实在是想不通，但是觉得自己身为博士生又不好意思去问本科生，于是就只好把好奇憋在肚子里。

又过了一阵儿，副所长也站起身来，走几步，同样"蹭蹭蹭"地"飘"过水面上厕所。这下子博士更是差点昏倒："不会吧，两位所长都练过不成？"

这时博士自己也内急了。这个池塘比较宽阔，两边有围墙，要到对面厕所非得绕 10 分钟的路，而回单位上厕所，路程比这个还远，怎么办？但是碍于面子，他实在不愿意去问两位所长，憋了半天实在憋不住之后，他想：我就不信本科生能过的水面，我博士生就不能过。他起身就往水里跨，只听"扑通"一声，博士生栽到了池塘里。

两位所长吓了一跳，赶忙将他拉了出来，奇怪地问他为什么要跳进池塘，博士问："为什么你们可以走过去而我就不行呢？"两位所长听了之后哈哈大笑："这池塘里其实有两排木桩子，原本就是让人踩着过去对岸的，由于这两天下雨涨水正好淹没了木桩一点点。我们以前经常走，心里都知道这木桩的位置，所以可以踩着桩子过去，你初来乍到可能不熟悉情况，怎么不问我们一声呢？"

博士听了，连脖子都红了，都是他自以为有学问，比别人强，才碍于面子不好意思开口去问的，最终自己也品尝了苦果。儿子，你别只顾着笑，你先想想，有没有觉得这个博士有些眼熟？想想你自己，你今天在钢琴课上的表现，不正是那个博士生的举动吗？你觉得自己成绩比别人好，就无视人家身上比你强的

优点，觉得没什么好跟人家学习的，这样的想法实在是很可笑的，要记住，每个人身上都有值得你学习的地方。无论任何时候，你都不能有看不起别人的骄傲心理，否则吃亏的只会是你自己。

要记住，不正确地比较往往容易滋长骄傲情绪。如果你习惯于以己之长比别人之短，当然会让自己占有优势，甚至是沾沾自喜。但是这显然不是一种积极进取的态度，而是孤芳自赏或者蔑视别人的成绩。这个世界上没有完美的人，无论是谁，都会有一些优势，同时也会有一些不足。你要懂得谦虚，应该学会汲取别人身上的优势来弥补自己的不足之处。如果你总是自以为什么地方都比别人强，那么必然会看不起别人。这是万万不可取的，它不利于你在成长和发展道路上的前行。

还记得我们曾在探索频道看到动物遇见强敌时的一部影片吗？节目里小小的刺猬、青蛙与河豚在面对强敌攻击时，都会极尽努力地将身体膨胀得几倍大，以达到吓敌之效和建立自己的御敌信心。这个现象其实也存在于我们身边，爸爸在自己的人生阅历中就发现了不少这样的人，越是那些没有自信心和没有什么能力和成就的人，在面对比自己更强的对手时越喜欢以浮夸的言行和吹嘘一些当年的所谓"英雄事迹"来掩饰自己的心虚，这些都是没有安全感的表现，表面上看起来是在吹嘘、是骄傲，实际上却是内心自卑的流露。

爸爸希望你能够树立起正确的观念，戒骄戒躁，不要轻视任何人。古代思想家孔子就说过："三人行，必有我师焉。"意思就

是说每一个人都可以是我们的老师，我们只要虚心学习，都能够从他们身上学会一些本领，从而提升自身的能力。你要具备这种虚心学习的品质，不管是你在学习上，还是在未来面对人生道路上的朋友或者对手，都要保持这种心态，这样你才能得到更多知识，让自己成长得更加强大。

教子小贴士

1. 对于骄傲的儿子，爸爸也要从自身找原因。

面对骄傲自大的儿子，爸爸必须要改变一下教育观点，检讨一下自己是不是对孩子的夸奖太不客观与频繁了。在许多时候，我们切不可凡事都无节制地去"夸奖"他。在表扬儿子时，既要重视赞美对他的鼓励作用，又要把握一个适度原则，以免让他产生骄傲心理。

2. 多提醒儿子自身的不足之处。

在日常生活中要多提醒儿子多关注自身缺点，一定要让儿子明白：一个人的能力是有限的，我们可能在某一方面是权威、专家，但是在另一方面很可能知之甚少，这就需要我们不断去向别人学习，才能变不知为已知，从而增加自己的见识，拓展自己的能力，为日后的成功奠定基础。一个真正拥有强大能力的人也必然是一个谦虚好学、善于取长补短的人。

第四章
爸爸陪你去探索

儿子，这个世界对于你来说，有太多的未知等着你去探索，你会遇到各种各样未知的东西，危险或者收获、苦难或者幸福，这个过程是你必须经历的，爸爸希望能够帮助你远离一些危险，多一些收获。

爸爸知道你喜欢冒险，但是一定要保护好自己

儿子，不知道从什么时候起，你变得每天都不让人安宁。一开始的时候，你喜欢爬到椅子上，再从椅子上跳到床上，家里的花瓶不知道被你跳上跳下地打坏了多少个；再过了一年，你学会了去小区的花园里爬树、去郊外骑自行车跟小伙伴比赛。终于有一次，你满身伤痕地推着坏了的自行车回到家里，把一家人都吓坏了，接着看到你淌血的膝盖，又心疼不已。作为一个男孩子，爸爸很乐于看到你健康茁壮地成长，拥有一个强健的体格，但是我必须要告诉你：一定要有分寸，冒险精神有助于你的成长，但是如果过了头，换来的只会是健康的损伤和家人的担心。

你从很小的时候，就表现出了一个男孩子所具备的顽皮和淘气，这一切其实都取决于你作为男孩这种天性——喜欢冒险。随着年龄的增长，爸爸对你的这种冒险天性也有了全新的认识。对于你时常会表现出来的种种夸张且令人胆战心惊的行为，父母内

心的担忧其实要远大于所表现出来的，爸爸希望在不压制你冒险天性的同时尽可能地去保护你的人身安全和健康，因为对于你未来的人生而言，健康平安才是最重要的。

　　还处在童年期的你活泼好动，与邻居家乖巧的女孩相比，你简直像是来自另外一个星球，你对身边的任何事物都充满了好奇心，碰到什么都想看一看、摸一摸。但事实情况是，你眼下正是身心发育的阶段，身体的协调性较差，缺乏一些必要的生活经验，自我保护的意识较差，常常不能预见自己的行为会产生什么样的后果。还记得吗，那一次你看到爸爸为厨房更换新的灯泡，那个接上之后就闪闪发光的大玻璃球引起了你强烈的好奇心。后来有一天，你趁爸爸妈妈不在家，自己拿了抽屉里的灯泡和你玩具上的几根电线模样的塑料线要让它亮起来，万幸的是你找到的是塑料线，而且你在床头找到了插孔还有防止异物插入的安全锁扣，但即便是如此，你的行为也让我惊出一身冷汗，你对于这个世界的好奇以及冒险尝试的精神远远超出了爸爸的想象。后来，爸爸抽了点时间用电线和灯泡向你演示了如何让灯泡亮起来，但是同时也认真地向你讲解了电的可怕之处，也许你并不能真正理解其中的道理，但是你听到叮嘱时认真的表情让我们欣慰了许多，在你以后的成长历程中，我们会慢慢让你知道更多不该做和有危险的事情。

　　表面上看起来，男孩好像总是那么精力充沛，一刻都不想停下来：登高上梯、下河摸鱼、爬树、满院子追逐、欺负女生、与

小伙伴打架……因此，有些家长经常不由自主地叹气：养个男孩真麻烦，他好像时时刻刻都在给你惹事。但是在爸爸看来，这些都是你成长历程中所必须经历的阶段，如果少了这个阶段，你的童年将变得了无趣味，因此，爸爸会尽量满足你各种各样的好奇心，带着你了解这个世界，许多知识便是在这个不知不觉的过程中偷偷留在了你的小脑瓜里。

对于不久的未来，爸爸也做好了充分的准备，在你进入学校开始学生生涯之后，爸爸有可能会时刻面临着这些事情：比如被老师"请"到学校、和孩子一块儿接受老师的"教育"、为孩子的某些行为向老师道歉……在多数情况下，被"请"去学校的家长都会感到羞耻，回到家后他们便会对这些"问题男孩"大上"教育课"，甚至是直接用拳头与孩子"说话"。但是儿子，爸爸不会这么做，因为爸爸明白，这些事情并不能完全责备你这个精力充沛的男孩，你们总是出现"问题"是有原因的。由于男孩子发育成长的特点以及体内大量睾丸素的存在，男孩每天需要更多的课外活动。但是，如今的老师们为了防止孩子们发生意外，往往采取限制学生行动的做法，校外活动自不必说，甚至在学校操场的活动对男孩来说也是一种奢侈。这种措施虽然最大限度地保护了你的健康安全，但是却牺牲了你的童年乐趣，甚至扼杀了你作为一个小男孩最宝贵的好奇心。爸爸希望看到的是，在不压抑你天性的同时尽可能地让你明白自我保护的重要性，以及身体健康安全的重要性。

首先你要明白，即使是在玩的时候，也存在着许多的安全隐患，比如你骑自行车太快，比如你曾经从滑梯顶部直接跳下来，这些都是给你留下痛苦记忆的小插曲，爸爸也希望你能够从中汲取教训，不要再出现那些危险的没有分寸的举动。另外，平时爸爸妈妈以及学校老师教过你一些能碰什么、不能碰什么的生活安全常识，你都要牢牢记在心里。这些都关乎你的健康安全，这是爸爸最在乎的。其实作为过来人，每一个爸爸都应该知道，爱动、好冒险是男孩的天性，你们需要广阔的空间和自由的行动。当你又在虐待你的玩具或"修理"家里的小件电器时，有人建议爸爸通过一些强制手段去阻止你，但是爸爸知道，正确的做法是要在不干涉你的前提下尽量保护你的安全，爸爸相信你的能力。因为通常来说，越是不现实的事情，男孩越想去尝试。爸爸会尽量给你足够的时间去调整心态，或者在条件允许的情况下让你去尝试一下，当你确定自己不能尝试之后，往往便会知难而退。这也是让你明白什么事情该做、什么事情不该做的方法之一。

　　曾经有一位父亲说过：健康是 1，其他是 0，有 1，就会有 10，就会有 100，就会有 1000、10000……有健康才会有事业、有家庭、有爱情……儿子，这也正是爸爸想要对你说的：健康是第一，无论何时何地，都要学会保护自己的安全。

教子小贴士

1. 平常要向儿子灌输"有了生命安全才有一切"的自我保护意识。

平时为孩子创造机会，保证孩子拥有充分的活动空间。可以与孩子共同选择一块宽敞、平坦、安全、便于运动的场地，让孩子知道在这里才能安全地尽情玩耍。每周或每天安排一定的时间，让孩子约好一两个小朋友一起游戏、玩耍，以满足运动及交往的需要。父母可事先给孩子圈定好活动范围，让孩子尽情追逐、跳跃，玩些球类游戏等。但要提出有关安全游戏的要求。

2. 要不失时机地教会儿子一些自我保护的具体技能。

比如家里漏水了怎么办，着火了怎么办，有陌生人敲门怎么办，还要教育孩子严格遵守交通规则，在体育活动中注意安全；在劳动中安全地使用各种工具；上学、放学、外出时尽量走大路，少走僻静小路，如只能走僻静小路，最好结伴而行，等等。

每次记得把你玩过的玩具收好，自我约束是对自己负责

  自从你学会爬以来，家里就再没有"整洁"这两个字，虽然爸爸特意在家里给你设有专门的娱乐区，但是你就是喜欢到处跑，把玩具到处丢。白天家里基本没办法收拾，这一刻收拾好，下一刻你就又全翻出来弄乱，每天我们只能等到你睡觉后才能收拾，然后等到你醒来马上又是一片凌乱。以前总觉得你小，不懂事，每天跟在你后面捡玩具，但是随着你一天天长大，感觉很多时候你是能听懂爸爸说什么，但让你不要乱丢玩具或收拾玩具时你就是不理，爸爸只是想让你明白：学会收拾自己的玩具，其实是让你从小学会约束自己的行为，对于你将来的成长，这一点是相当重要的。

  不知道从什么时候开始，爸爸耳朵里每天都是妈妈在抱怨家里被折腾得一塌糊涂的声音，沙发、床上、卧室、客厅，到处都是你的玩具、书本。但与此同时，由于我们或多或少地迁就，不

知不觉也助长了你强烈的自我意识，在家里，你从来不用担心没人陪你游戏，游戏结束以后也不用担心没人帮你收拾玩具，最后的结果就是导致你渐渐养成了乱扔玩具的习惯，从来都没有整理玩具的意识，这个时候，爸爸才意识到问题的严重性。对于性格和习惯正处于形成期的你，爸爸希望你能够从小养成一些对你将来成长有益的习惯，哪怕是一些很小的细节，爸爸也希望能够通过努力去让你做得更好。

当然，对房间的整洁标准，孩子与大人有很大的差别。大人看孩子的房间又乱又脏，不堪入眼，但孩子却认为特别有趣自在。孩子置身于自己所喜欢的东西中，可随手触摸、随意玩弄，这使孩子有安全感。孩子玩耍时，注意力及兴趣易转移。一会儿玩这个，一会儿玩那个，变化多端，可以不断地玩。孩子，眼前的你并不知道整理房间有什么好处，但我们仍然会尽力帮助你学习整理房间及收拾玩具。学会收拾东西不仅是爱护财物，而且对你自身也有好处，可以帮助你更好地适应今后的生活。

关于这件事，曾经有一位开玩具店的朋友给出过一个观点：很多时候是因为玩具太多，试想，玩具多得不但装满了孩子卧室的抽屉，地板上还有几大塑料筐。这样的情形，只要稍微冷静思考一下就能明白，孩子的玩具太多，他玩都玩不过来，还有精力和能力去收拾吗？这个观点固然有一定道理，但是毕竟没法从根本上解决问题，大部分的家庭都会不知不觉给孩子买回来一大堆

玩具，所以，还是要从教会孩子整理玩具入手。

后来爸爸从你对玩具的态度中有了新的启发，因为你总是把玩具当成是有生命的，跟它们说话，带它们游戏，于是有一天我问你："想不想让你的玩具有房子住？"你可能没这么想过，但我这么一问，你立马积极响应。于是，我带你去超市买了一个中号的整理箱。回到家后，我们就一起将所有的玩具安置在箱子里了。这以后，玩具"房子"就归你掌管，想玩玩具的时候自己拿，不想玩的时候就把玩具送回"房子"。睡觉前我特意会提醒你去和玩具"说晚安"。这样做的目的其实并不仅仅是让你学会整理玩具，而且可以让你在对玩具的管理过程中体会和建立责任感，这也是爸爸乐于看到的。

俗话说"教育就是言传身教"，爸爸为了让你能够学会管理和约束自己的生活，自己也下了不少功夫去改变自己。在你成长的过程中，鼓励你玩后把玩具收拾起来，逐渐养成这个习惯很重要，但我也知道这并不是一件简单的事情，要慢慢地灌输，逐渐养成收拾玩具的习惯。在你不想收拾玩具的时候，爸爸就试着与你协作，常常对你说的就是："我把拼图整理好，然后你去把它放在桌上。"各人分担一部分。为了让你能够更快地适应这些，爸爸特意把书架的高度调整到适合你的身高，玩具盒也尽量找轻一点的。而且一开始就重点教会你把不同玩具放在不同地方，避免把所有玩具都放在一个大箱子中，因为那样的话有可能会让你养成杂乱无章地堆放物品的习惯，而且找不到玩具时的挫折感也

会大大降低你的积极性。

此外，爸爸也特别注意随时鼓励你在学着整理玩具以及约束自己的过程中所做出的努力，比如我们经常会鼓励你说："谢谢你帮助放好玩具。"鼓励多，批评少，你就会做得更好。我也不会刻意去要求十全十美，如果你十分喜欢杂乱的环境，那么也不一定要固执地整理打扫，因为毕竟大人与孩子的标准不一样。这是你的房间，而不是大人的，所以要以你为主。同时我们也刻意去教你学会边收拾玩具边学习，如，"我把红的积木放在一起，你把绿的放在一起。"这样既是分工，又是学习颜色。学习的内容也可以换成形状、数字，"当我数到 20 时，看看你有没有本领把这些玩具拾起来"。这样既学习，又提高了兴趣，又整理了玩具，何乐而不为呢？

这些关于自我约束方面的培养，其实是爸爸作为家长有意识地对你进行心理素质方面的训练。自我约束能力属于心理素质范畴。为了提高你的心理素质，父母会经常借助日常生活小事进行训练，比如，收拾玩具、按时起床就餐、何时到校、放学何时到家，等等，都会对你有严格的规定和要求。我只是希望在这种规范的约束下，你能够不知不觉地养成好习惯，克服自己的惰性，努力实现自己的目标，然后，由这些日常小事进而扩大到社会道德、社会责任感的强化。

教子小贴士

1. 在教儿子学会整理自己物品的时候，可将整理过程分步骤完成。

比如，先把小汽车放在桌架上，然后把积木放在玩具盒里……这样大事化小，分步完成，可以降低难度，减少孩子的挫折感。父母布置任务时应说："把娃娃放在柜子上，把小汽车放在书柜上……"而不要笼统地说："把玩具放好。"这样会使孩子丈二和尚摸不着头脑，配合不好。

2. 让他在游戏中学会完成家务劳动。

父母可让孩子感到做家务、整理玩具像游戏一样。不要让孩子把收拾玩具作为一种负担。可以这样说："这些玩具该上床睡觉了，快放到架子上让它们去睡吧。""娃娃应回家吃饭了，把它放到桌子上去吧。"用游戏的形式整理玩具会使小孩子更有兴趣，有时也可用："我来数，数到10，看谁能把全部积木放回到盒中，来个比赛怎样？"还有很重要的一点就是：整理玩具时，大人要保持一个好的心情，不要老是嘀嘀咕咕地抱怨孩子，孩子的心情好，整理的任务完成得也好。同时可以放一些音乐，让孩子做家务时更有乐趣，提高他的积极主动性。

27.

不要挑食，那样会妨害你的成长

儿子，随着你的成长，你的胃口一天好过一天，爸爸每天最开心的事情就是看着你在饭桌上狼吞虎咽。可是有一天我忽然发现，你的狼吞虎咽是有选择性的，一些食物你从来吃不够，而另一些食物你坚决一口不碰，这让爸爸非常担忧，毕竟长身体的时候需要更全面的营养供应，如果因为饮食上的不平衡导致某些营养成分的缺失，后果是非常严重的，那会影响到你的健康和成长，让你跑不快、睡不好，甚至连个头都长不高了。所以爸爸希望你能够改掉挑食的坏毛病，因为只有营养全面了，你才能拥有一个健康的体魄，做一个强壮的小男子汉。

儿子，你知道吗，楼下那位李叔叔 4 岁的儿子迪迪被幼儿园赶回来了。这些天冷空气南下，突然降温，幼儿园怕感冒"流行"，又恢复了上学都要量体温的制度。不巧，迪迪今早 37.5℃。老师说："迪迪每次都是幼儿园流行病的传染源，今天不要上学了，去医院看病吧！"李叔叔很纳闷，为什么迪迪三天两头就感冒发烧呢？于是跑去看医生。医生询问了迪迪的吃饭情况，原来

他就是吃饭挑食，鱼、肉等荤腥一点不吃，连蛋、奶都不喜欢；蔬菜、水果也吃得很少；甜食还可以，最喜欢吃糖和巧克力。正是这样的饮食习惯导致迪迪体内缺乏了很多成长过程中必需的微量元素以及维生素。他经常容易生病发烧，就是这个原因在作怪。

因为偏食，你的体内会缺少很多维生素和微量元素，每一种维生素以及微量元素在人体的健康平衡中都有着举足轻重的作用，一旦失去平衡，你的身体就会失去对病毒的防卫能力。为什么失去防卫能力呢？一条重要原因是营养障碍、维生素缺乏引起的。如果偏食挑食将会引起维生素 C、维生素 A、微量元素锌等缺乏。维生素 C 的作用是提高人体的杀菌和抗病毒能力，是制造免疫抗体和干扰素不可缺少的东西；而维生素 A 的重要功能之一是促进皮肤和黏膜增生，能稳定上皮细胞的细胞膜、维持皮肤和黏膜的结构完整，增强其免疫能力；此外，微量元素锌也有强化免疫功能的作用。当维生素和微量元素缺乏时，呼吸道黏膜这道屏障防线的功能就会被削弱，在病毒细菌的侵袭下，易发生呼吸道感染。迪迪就是因为平时吃饭挑食偏食，导致体内缺少脂肪和蛋白质。要知道，维生素 A 是能溶于脂肪和油中的维生素，在动物性食物中含量高，如果不吃荤腥、不吃油，必然导致维生素 A 缺乏。迪迪现在经常说晚上看不太清楚东西，已有轻度夜盲症，便是缺乏维生素 A 的症状。医生所给出的建议就是尽快改变他的饮食习惯，同时，还要适当补充维生素 A、维生素 B、维生素 C，

让黏膜的功能尽快恢复起来，阻止病毒犯境，打断呼吸道反复感染的恶性循环，让他的身体早日康复起来，同时也提高自身对于病毒的抵抗力。

知道了这些，再回头看看你自己，诸如"我不要吃胡萝卜，太难吃了！""怎么又是青菜，我不吃了！"这样的话也是你经常挂在嘴边的，虽然你每天也都能吃得饱饱的，但是要想身体长得好，并不仅仅是吃饱就行的，还要注意营养均衡。爸爸认识的一个朋友的孩子今年5岁，身高比同龄的孩子矮了近10厘米，家人带他到医院检查后得知，孩子居然患上了矮小症。经医生诊断，正是因为偏食，他孩子的身体所需的微量元素不能及时补充，影响生长激素分泌，使得身高比同龄的孩子矮许多。这是非常可怕的，你想想，一旦耽误了身体的生长发育，想要再补回来就不那么容易了。

接下来在纠正你挑食的过程中，爸爸也有了新的体会和感悟。刚开始的时候因为有些操之过急，甚至会忍不住逼你去吃某些食物，结果就是让你产生了心理阴影，觉得吃饭是一件挺可怕的事情，产生了抗拒感。后来慢慢体会到，让你不挑食千万不可用"逼"的方法，要学会进行心理诱导。首先爸爸发现你似乎觉得吃饭很闷，这可能是因为我们做家长的没有把进餐时间当作与孩子交流的时间。如果把用餐当成是一家人交流的机会，那孩子可能会很乐意与父母一起正常用餐。接下来我开始找其他的方法去鼓励你，比如，在适当的时候用你喜欢的食

物当奖励。我们商量好，在你尝试了新食物后，再用少量你喜欢的食物作为奖励。慢慢地，你的挑食习惯得到了改善，你接受的食物渐渐多起来。

对于很多家长来说，孩子偏食、挑食已经成为一种普遍的现象。从健康的角度来说，这是一种坏习惯，必定会对孩子的身心健康造成一定的危害。任何一种食物都不可能含有完全的营养素，每一种食物仅含有各自不同的营养素。如果只吃一种食物而不吃另一种，势必就缺乏另一种食物供给的营养素。孩子的成长需要均衡的营养摄入，因此，一旦发现孩子有偏食挑食的情况，就要想办法尽快去改善。

教子小贴士

1. 要培养儿子良好的饮食习惯。

在这一点上父母首先要以身作则，改变、调整自己的饮食习惯，最起码在孩子面前不要显露出特别的饮食偏好，努力让他吃到各种各样的食物，以保证身体发育所需的营养。父母是孩子的榜样，孩子是父母的镜子，从孩子的一日三餐中可以看到父母的饮食习惯，有些时候，父母看似无意地评价哪种菜好吃、哪种菜不好吃、喜欢吃什么、不喜欢吃什么，都会被孩子听到耳朵里。造成的后果就是：当某一天幼儿园阿姨告诉你孩子挑食，当保健医生测量孩子身高达不到正常值时，你的孩子就已经输在了"吃"的起跑线上。

2. 要从心理层面多关注儿子。

从另外一个角度来说，有些时候孩子对食物的挑三拣四是源于自我保护，对待新事物，人们都会有一种陌生感，有的孩子会因为陌生而产生好奇，进而希望能够破解并得到答案，但对于生性敏感、小心翼翼的孩子，陌生会让他们产生恐惧，结果当然就是排斥。经研究认为，是人类的自我保护意识在作怪，不想受到伤害。所以父母也要细心了解孩子的心理状况，这一点可能是许多忙于工作的爸爸最容易忽视的，因此要格外注意，毕竟对爸爸而言，要更多地培养孩子面对各种状况的勇气。

28.

你看，你越着急越乱

不知不觉，你长大了，很多时候开始有了自己的想法，无论是玩玩具，还是出门，你开始表现出强烈的自我控制欲望。书上说，这是小孩子的自我意识在萌芽，是你性格发展的必经之路，爸爸因此而欣慰不已。但同时也遇到了另外一个让我头疼的问题，就是你开始表现出性格中急躁的一面。自我意识的萌发给你带来了控制欲，然而即便是一个小小的玩具，也不可能完全按照

你的想法去玩的，你看到了那些与你的意愿相悖的结果，却无法明白其中的缘故，这个时候你就会开始失去耐心，越是急着要做好越是做不好，甚至会把自己气得哇哇大哭。每当这个时候，爸爸在表示无奈的同时，思考最多的一个问题就是：如何培养你的耐心。

让我们先来看一个小故事：说的是有一位老果农得了重病，知道自己不久于人世。这一天，他说要验收两个儿子在他养病期间栽种水蜜桃的成品，根据两人的果树收成情况来确定遗产分配的比例。大儿子一向勤劳本分、脚踏实地，他精挑细选了那些不大不小却色泽漂亮、坚实饱满的果实，在箩筐里仔细摆放整齐。而小儿子则向来浮躁，不管干什么事情都有急于求成的毛病，他为了在父亲面前表现自己的成绩，尽挑硕大甚至略呈烂熟的水蜜桃，把箩筐堆得像一座小山。兄弟俩开心地要把水蜜桃运下山，结果弟弟超载的水蜜桃不堪山路颠簸，掉的掉，烂的烂，到了山下已经不成样子了；反观哥哥则是一路安稳，把自己的劳动果实安稳地运到了山下，他也因此获得信任，老果农把大部分的田地交给他来打理。

爸爸讲这个故事，其实就是想告诉你"欲速则不达"的道理，你现在是个小小男子汉，虽然每天主要是在玩耍，但是在这个过程中你也要意识到耐心的重要性。很多时候，你之所以把事情弄得一团糟，并不是因为事情本身有多复杂，而是因为你缺乏耐心，越着急越乱套，最后甚至彻底放弃。这不是爸爸希望看到

的，爸爸也在思考如何在日常生活中让你养成做事情有条理、有耐心的好习惯。

很多时候，我发现在我们对你的要求意见不一致的时候，你特别容易失去耐心，比如爸爸让你这样去做一件事情，可是一回头，妈妈或者爷爷又让你那样去做，每当这个时候你就会失去耐心，对手头的事情很容易失去兴趣。后来我们就很注意这一点，结果你在很多时候都能够集中注意力把一件事情做完。还有就是，对于你的进步和好的表现，我会及时给予表扬。例如，今天你想要得到一件东西，我会要求你等一会儿，也许今天你能坚持 5 分钟，明天可能坚持 7 分钟，这个时候爸爸会及时表扬你并告诉你为什么要等待，因为要学会考虑到别人，不能只考虑自己。

另外，爸爸也从你身上看到了兴趣的巨大动力。你一旦对一件东西产生了兴趣，就会不吭声地坐在那里研究上很长时间，只有对某件事情产生兴趣，才可能沉下心来钻进去，因此，爸爸总是想办法找一些你感兴趣的东西和玩具，从而培养你的兴趣，这是培养耐性的基础。当然，也有些时候你的兴趣表现得过了头，比如你那次执意要和妈妈一起下厨房，帮她切菜，妈妈被你缠得不堪忍受，最后训斥了你。不过事后爸爸也安慰了你，毕竟想要帮家长干活儿是一件好事，而且也是培养你兴趣和耐心的大好机会，我们应对此"闪光点"加以诱导，不能简单地拒绝，而是要讲清后果，因为毕竟对于一个孩子来说，厨房里危险的东西太

多，你还没有成长到这个阶段。而且对于你的这种做法，爸爸要表示感谢，并且告诉你要耐心等待自己长大，好去帮爸爸妈妈做更多的事情。

关于耐心这件事，爸爸也知道，父母是孩子眼中的镜子。如果父母失去耐心，发脾气，那么等于是用行动告诉孩子，这种失控的行为是可以接受的，显然起不到应有的教育效果。也出于同样的原因，所以爸爸也在努力严格要求自己，在任何时候都不要表现得没有耐心，希望能够给你好的影响。一旦因为某些小事跟你发生矛盾时，爸爸会提醒自己用分散注意力的方法，用更有趣的东西吸引你，而且会利用平时的时间通过故事给你讲道理，多用鼓励的方法，尽量避免打骂和无原则哄骗。另外，爸爸也会尽量不去给你设定过多的限制，并且用更多的时间陪你玩耍，使你在玩耍中充分发挥想象力和创造力。

总的来说，孩子做事没有耐心的行为一旦出现，家长要耐心地疏导，切不可时而抓紧，时而放松教育，凭大人的情绪决定教育态度。家长给孩子提出的要求应让孩子有信心可以达到，这样就会易于被孩子接受。让孩子感到大人的教育态度是坚决的，那么孩子那种"我独占"、"我为主"、"服从我"的不良心理和任性行为将会随着良好的环境和教育而消失。

爸爸曾经给你讲过大书法家王羲之练字的故事，被人们誉为"书圣"的王羲之勤奋好学，7岁开始练习书法。17岁时，他把父亲秘藏的前代书法论著偷来阅读，看熟了就练着写，他

每天坐在池子边练字，迎来黎明，送走黄昏，不知写完了多少的墨水，写烂了多少的笔头，每天练完字就在池水里洗笔，天长日久竟将一池水都洗成了墨色，正是这样的耐心，成就了他日后的辉煌成就。爸爸希望你也能够向他学习，遇事不要着急，能够耐下心来去努力，这种品质，是你日后人生成功之路上所必需的。

教子小贴士

1. 家长要减少对孩子的呵护，特别是男孩子，要为孩子提供磨炼的机会。

当孩子遇到困难时，让孩子自己想办法去克服，这样可以锻炼孩子的意志，增强孩子的独立意识，从而懂得关心、爱护、帮助别人，养成良好的习惯。

2. 不妨试着给孩子设置点儿障碍。

家长应该有意识地给孩子设置点儿障碍，为孩子提供一些克服困难的机会。因为耐心是坚强的意志磨炼出来的，越是在困难的环境中，越能锻炼孩子的耐心。要鼓励他做事不能半途而废，做好一件事要经过努力，才能完成。孩子经过努力完成一件事时，应当及时给予表扬，强化做事有始有终的良好习惯。

3. 要孩子集中精力，使他们持久地沉浸在一种活动中。

要让孩子知道，生活中许多事是需要耐心和等待的。有时孩子饿了马上要吃，渴了马上要喝，想要什么玩具当时就要买，家

长可有意延缓一段时间，不要立刻满足孩子的要求，以培养孩子
的耐心。

发脾气之前，试着去控制你的情绪

在你那天发脾气摔坏你心爱的遥控直升飞机之前，爸爸并没
有意识到，随着时光流逝，你成长的不仅仅是你的个头和身体，
还有你的脾气。爸爸之前从来没有认真思考过这个问题，事后我
想，也许爸爸也有不对的地方，爸爸不希望你将来成为一个脾气
暴躁动辄摔东西的人，但是却没有想到这么早去面对这个问题。
有哲人说过：把脾气发出来是本性，把脾气压下去是本事。爸爸
希望你成为一个有本事的人，所以即便是在孩童时期，你也要通
过学习和努力去了解并控制自己的情绪，在这个过程中，爸爸会
尽最大的努力去帮助你。

我们知道，愤怒是由于目的和愿望不能达到或一再被妨碍，
逐渐累积而成的。挫折如果是由于不合理的原因或被人恶意造成
时，最容易产生愤怒。愤怒，在现代心理学中，与快乐、悲哀、
恐惧等被并列称为人类基本的原始情绪。人人都具有喜怒哀惧之

情，人人都可能产生愤怒。

对于男孩子来说，他们对家长、老师不满意，或者自己的心情不好时，就会大声喊叫、发脾气，甚至砸东西。这时，如果家长训斥他，孩子发怒的劲头往往会越来越大。这个现象想必很多家长都有体会，男孩在 2～5 岁这一阶段，易怒的特征会越来越明显。这时，家长不可对孩子的这种行为进行强行压制，否则很可能会破坏孩子的性格。事实上，由于体内睾丸素的作用，男孩比女孩更容易愤怒，更需要发泄。而男孩不会像女孩一样，能用语言表达出"我生气了"、"我很难过"等情绪，他们往往更愿意用身体来表达自己的愤怒。因此，摔东西对男孩来说是很正常的行为，他们高兴时、愤怒时，都会用周围的东西来发泄自己的情绪，而且男孩在非常高兴的时候偶尔也会出现这种行为。这是小男子汉成长过程中的正常现象，这些异常行为都是他们体内的睾丸素在捣鬼。

儿子，那次你的数学成绩没有及格，回家之后，你就把自己关在屋里，用拳头狠狠地击墙，你的手为此也受了伤。后来，爸爸给你做了一个沙袋，于是以后你在不高兴的时候，就会把自己想象成一个出色的拳击手，用沙袋来发泄自己的情绪。这种做法其实是爸爸结合自身的经验想出来的，是一个一举两得的好办法，给你一个沙袋，既能防止你受伤，又能使你的不良情绪顺利发泄出来。当然，条件不允许的家长可以为孩子准备一个沙发垫、枕头等，让他捶打，发泄情绪。当然，仅仅让孩子发泄情绪

并不是教育孩子的最终目的，当孩子的情绪稍微稳定后，家长应告诉他，什么才是更好的表达方式；并告诉你的小男子汉，他有能力、有责任也有时间去调整自己的情绪。

我们都知道，在日常生活中，有的人比较冷静，能够控制自己的感情，而有的人则性情急躁，易情绪激动，易动感情。易激动的人，情绪很容易被激发起来，并且具有突发性和冲动性等特点，对行为的后果往往不加考虑。也就是说，易激动的人很容易产生愤怒情绪，一旦愤怒起来，更加急躁，更易激动，如此会产生恶性循环。爸爸最不希望看到的就是你因为愤怒而失去理智，做一些伤害别人和自己的事情，因此，你一定要意识到失去控制的脾气对于男孩子来说是多么可怕的一件事情。

儿子，那天爸爸给你讲了这些之后，你跟我说：那我愤怒的时候压制住，不就好了吗？这样的想法并不正确，仅仅简单地压抑愤怒同样危险。专家指出，长期压抑自己的愤怒情绪很有可能患抑郁症。因此，使用一些技巧控制愤怒是很有必要的，爸爸希望你能够记住以下这些有利于克制脾气的方法，在你今后的人生道路上，很多时候你都需要它们。

第一点是在你遇到让你愤怒的事情时，首先在脑袋里想象愉快的场景或事情。闭上眼睛，回忆一下过去一次愉快的经历，像美丽的溪水、广阔的平原等。或是回味一下跟父母做游戏的美好时光。研究发现，愉快的感觉能重新调整内部的生理时钟，获得短暂而直接的休息。然后，配合一定的呼吸频率，放慢呼吸节

奏，一吸一呼，一呼一吸，慢慢地吸气，慢慢地呼气，直至感觉身心完全松弛。每天花几分钟时间练习，既可以减轻压力感，遇到激动的时候也可以派上用场。

第二点就是爸爸建议你写发脾气日记。写"发脾气日记"，记下时间、地点、事件，持之以恒，既起到督促检查自己的作用，又可以在日后以平静的心态分析事情始末。

第三点是学会把自己当成是对方，因为每个人都有权利根据自己的选择来行事，花几分钟想想你的感觉和对方的感觉。然后再想想，如果我是对方，我会说同样的话、做同样的事吗？如果会，大可不必这么气，试着从对方的角度看事情，设身处地地去考虑问题。

还有一点就是，当你遇到某些让你抓狂的难题时，也需要顺其自然。有些问题根本无法解决，因此你必须让它们按自身的方式发展。试试下面的小窍门：把你关心的事情写在一张纸上，将这张纸揉碎，扔进废纸篓里；或者想象麻烦事情就像洗澡时身上的肥皂泡沫顺着身体流走。情感会受到你想法的影响，因此，如果你设想烦恼消失了，你就会感到豁然开朗，愤怒也会随之一扫而光。

当然，在面对孩子坏脾气的时候，家长也要负起应有的责任，比如当孩子提出不合理、过分的要求时，家长应注意采取正面教育的方式，跟孩子讲道理：如这样做对不对？为什么不对？怎样做才是对的？帮助孩子提高分辨是非的能力。孩子的是非观

念正是在学习处理各种具体事情的过程中逐渐形成的。在这一过程中，一定要以身作则，不要让自己的脾气失去控制，那样的话，等于是给孩子做了一个最坏的榜样。日常生活中，大喊大叫、摔门、态度粗暴，不是只有孩子才会犯的错误。很少有父母可以夸口说自己在管教孩子时从没失控过，我们多数都会在事后为自己的行为感到后悔。失控的怒火会影响你管教孩子的成果。如果总是大喊大叫，孩子学不到什么。相反，一旦他习惯了你的这种方式之后，会将你的话当作耳边风，慢慢就会变成，你的批评或表扬他都听不进去了。为什么要这样做？用冷静的头脑对孩子进行管教，会让孩子感觉到你的教导是客观公正的，并且，他也愿意带着极大的兴趣去做到你对他的要求。如何做到这一点？想好今后在你将要发怒的时候怎样使自己平静下来的方法。从1数到10，或是深呼吸几次，抑或是走开一会儿。倘如果这些方法仍无济于事，最终你还是失控地对孩子发了脾气，记住事后要真诚地向孩子道歉，告诉他，你也是人，也会犯错，但你能承认并改正错误。

教子小贴士

1. 面对孩子的坏脾气，家长要学会克制。

引起孩子脾气急躁的原因很多，而家长首先应该有耐心，给予孩子足够多共同相处的时间，寻找孩子发脾气的原因。而不要大人一看孩子生气发脾气就更着急，甚至吼孩子，控制孩子发脾

气时的行为，这样只会适得其反。应避免刺激孩子，不要有过激的言行，从环境到心态都要平和。

2. 不能放纵孩子的坏脾气。

一旦孩子提出不合理的要求并且发脾气要赖时，家长要做到不为所动。当孩子提出不合理的要求以致哭闹撒泼时，不要急着去哄去抱，让孩子把他所有的"本事"都使出来，当他明白发脾气不管用时，他自然会罢休，这时再说教也不迟。

30.

儿子，别那么酷，陪老爸聊聊怎么样

也许每一个爸爸都会有那么一天突然发觉，儿子跟你不再像从前那么亲密了，你们之间的对话越来越少，儿子关起门待在房间的时间越来越多，作为一个曾经跟儿子亲密无间的老爸，你忽然间觉得不了解儿子了。这也许是每一个男孩子成长历程中必经的阶段，也是每一个爸爸养育孩子过程中必须面对的问题。如何跟儿子保持沟通和交流是一门学问，需要每一个爸爸去学习和掌握的。否则的话，你就会觉得眼里的儿子变得越来越酷，越来越不愿意跟你交流，这种情形如果得不到改善，必然会引起一些相

当严重的问题，这是需要每一位爸爸重视的。

儿子，平时上学你基本上没有时间看电视，这个暑假你终于赶上少儿频道放你爱看的动画片，每天晚上看得不亦乐乎，然而开学在即，有一个"严重"的问题摆在你的面前，就是动画片还要一个多星期才放完，但是开学之后，晚上就不能再看了，因为这个，你很苦恼，向我要求能让你接着看完大结局，这个要求当然不会被允许，你也没有坚持，只是钻进房间关上门，再也不跟爸爸说话了。

这个问题其实也是最近爸爸烦恼的问题，就是如何跟你更好地沟通。因为父母可以说是孩子的第一任教师，父母与孩子的沟通和对孩子的管教是儿童进入社会的桥梁。爸爸希望能够成为更好、更合格的家长，不仅是孩子的保姆，也是孩子的老师，更是孩子的朋友。学会与孩子进行良好的沟通可以把父母的厚望和挚爱充分传递给孩子，并为孩子提供最适合的成长环境、最适宜的学习机会，以及最愉快的生活空间。然而随着你的成长，爸爸发现这并不是一件容易做到的事情，你开始有了自己的空间、自己的想法，有些想法你愿意与爸爸分享，有些却只愿意藏在心里，爸爸无从知道。这并不是爸爸希望看到的，因为良好的沟通是你成长过程中很重要的一环，不仅可以缓解你的压力，也能够让爸爸更好地掌握你的成长情况，这一点是相当重要的。

国外曾经有一位著名心理学家经过长达 3 年的调查研究，发现那些缺乏与父母沟通、缺乏向父母吐露心声的孩子在学业方面

遇到麻烦的可能性较大，沾染上吸毒或酗酒等恶习的机率增加。另外，家长缺乏与孩子的有效沟通、忽视孩子身上发生着的变化，更会让孩子从感情上疏离父母，甚至会造成孩子性格、心理上的缺陷。更为可悲的是，疏离父母的结果增大了孩子们酿成悲剧的可能。所以，作为父母，如果要培养一个成功的孩子，就应该成为与孩子沟通的高手。如果能成功引导孩子的想法和理想、行为，那么培养出一个有主见、有选择能力的孩子就不是件难事。

在这件事情上，爸爸也非常重视并且留意身边的父母是如何去做的，有些父母在和孩子沟通上过于急躁，总幻想一两次聊天就能和孩子成为知心朋友。这不可能，因为两代人年龄差异很大，又成长在不同时代，理解需要有一个过程。如果只有急切的心情，缺少扎实的行动，那就只好在亲子关系上长期吃着"夹生饭"。父母和孩子的沟通，实际上是两个生命的碰撞。应该说，碰撞所产生的内容是非常丰富的，它所达到的高度也是没有止境的。所以爸爸希望能够找到更好的方法，从而能够跟你更加顺畅地沟通。

其实爸爸在这方面已经留意并且学习了很久，也有了不少心得体会。爸爸专门看了一些帮助父母与孩子沟通的书籍，在跟孩子交流时，最重要的秘诀是要多问、多听、少说。有很多父母忙着生意，特别是父亲回到家里很晚，跟孩子说的话很少，"吃饭了吗？作业写完了吗？"这样的问候其实并不是很好的沟通。孩

子不是机器人，除了吃饭学习，还有他们自己的想法和兴趣。比如我每天回来都到你身边坐一会儿，摸摸脑袋、拍拍后背，问问你今天有没有开心的事、有什么事跟老爸说说，这些时候你就会特别开心，话也显得特别多。另外，爸爸还学会了观察你的表情，因为你的表情其实写满了成长的密码，很多时候虽然表面上看起来你高高兴兴上学去，快快乐乐放学回来，其实未必是这样的，也有可能会受到各种委屈和不顺心。要通过沟通让孩子主动把这些东西说出来，比如，说了今天谁谁打我，或者跟谁谁发生不愉快了、有误会了，等等。只要能让孩子把受到的委屈说出来，从容地、放心地说出来，问题就解决了一半，然后爸爸会帮你分析原因想对策，给你出几个主意，你看行不行？你先试试，如果还不行，明天爸爸再帮你出主意，这个问题一定能解决。通过一段时间这样的学习和沟通，你在爸爸面前终于话又多了起来。

有了这些经验和收获，爸爸重新面对开头的那个问题就豁然开朗了，因为你开学之后没办法每天晚上再看电视到那么晚，所以爸爸跟你商量，从网上把剩下的结局部分下载到电脑上，每天在不耽误功课和休息的情况下可以让你看一集，于是你也开心了，爸爸也不用担心你再钻到房间不说话了，可谓是皆大欢喜。

作为父亲，要想和孩子有很好的沟通就要去了解孩子。很多事，我们不要想当然，不要带着自己的判断和成见来和孩子交流。"听的什么歌呀，乱七八糟的！""那些动画片有什么意思？"

这些话都是容易伤害孩子并且影响沟通的。我们有时间不妨坐下来和孩子一起听听歌，看一看你认为毫无意义的动画片。你也许会发现，并不是自己想象的那样，你会发现，那些动画片也很好看，而且还有许多知识和道理，孩子也会从中学到很多。而且你还可以和孩子就动画片里的一些情节进行讨论，告诉孩子什么是真善美，这样一来，对孩子的"教育"顺便也进行了，可谓一举两得。所以说，努力和孩子建立共同的爱好，了解孩子、懂孩子，孩子才能有和你交流的兴趣和欲望。

教子小贴士

1. 对于那些觉得跟儿子沟通不顺畅的爸爸，首先要学会倾听。

经验表明，许多聪明的父母就是善于倾听，让孩子十分乐于与他们交谈，使沟通变得容易。如果你确实在交谈时有很多事情要做，千万不要装作在听，最好说出来，如："我希望有时间听完你说的话，但是现在不走的话，我就失约了，等我回来，我再和你长谈。"如果以这种方式表示理解孩子的感情，就会使孩子有机会倾诉自己内心的想法。

2. 做爸爸的即使工作再忙，也要保证定期抽时间跟儿子沟通。

有的爸爸一高兴，就整天和孩子泡在一起；工作忙了，就很长时间不理孩子，这种"冷热病"最不利于和孩子建立巩固的联

系。应该建立一种规则，如坚持定期跟儿子一起做游戏，每到星期六、星期日，大家坐下来一起吃饭谈心，和孩子做朋友，随时随地了解他的想法和思维方式，不仅是对孩子的一种培养和教育，更能增进与孩子的感情。

骂人这件事，羞辱的不是别人而是自己

最近一段时间，爸爸发现一个不好的现象，就是老有脏话从你的嘴里冒出来，有可能是你在学校跟别的同学学的，爸爸曾经说过你，但是你并不在意，而且骂人的脏话有越发频繁的趋势，这可不是个好兆头。有的家长可能对此并不在意，觉得是口头禅而已，随口说出来的，没必要紧张。但是爸爸并不这么想，爸爸希望你能够杜绝这个现象，因为习惯虽小，带来的负面影响却很大。经常说脏话不仅仅代表一个人口无遮拦，也说明他不懂得去尊重别人，更不懂得尊重自己，你一定要记住，骂人是一件非常没有修养和不体面的事情，它其实并不是在羞辱别人，而是在羞辱自己。

爸爸先来给你讲一个亲身经历的故事。有一次爸爸出门坐公

交，因公交车司机要检查乘车卡，一个比你大不了多少的小男孩上了车，拿出来的乘车卡上的字迹模糊不清，司机阿姨叫住了他："小伙子，我看看你的乘车卡。"那个小男孩极不情愿地将卡递了过去。司机阿姨看过之后发现，乘车卡上除了照片外，其余信息都看不清了，便说："孩子，这样的卡不能正常使用，请尽快更换……"没想到，她的话还没说完，小男孩就破口大骂起来，司机阿姨和蔼地说："孩子，检查乘车卡是我的工作，请你理解。"可小男孩仍不依不饶，骂个没完。最后，一整车的乘客都看不过去了，纷纷指责那个孩子，连那个小男孩的同伴都觉得看不下去，赶紧拉着他下车走了。后来爸爸得知，那个小男孩的父亲专程赶到公交车队，代孩子道了歉，并表示一定会好好教育孩子。

听了这件事之后，你有什么感想？不要觉得随口骂骂人是一件没什么大不了的事情，它给别人带来的影响和印象是非常恶劣的。可能你从其他孩子嘴里学来的脏话并没有恶意，但是爸爸却不能听之任之。因为多数的教育心理学家都认为，如果一个小孩长期不受约束的话，会出现性格缺陷。孩子们的脏话兴奋期会在3～7岁的时候最突出，到了上学的年龄就会好转许多。爸爸仔细回想了一下，似乎这件事情早就有线索可循。记得你4岁的时候，有一次在玩自己的小板凳，你从工具箱里拿来爸爸的锤子和改锥，叮叮当当忙着修得不亦乐乎，正当爸爸为你一本正经的样子乐不可支的时候，你却突然蹦出来这么一句话："他妈的这破玩

意儿！"爸爸当时吓了一跳，不过也没怎么放在心上，现在想想，你必然是跟爸爸学来的这句话，可能某天爸爸在修理东西的时候，一时不耐烦就随口说了这句脏话，结果就被你听到并且记住了。所以关于你说脏话的问题，爸爸是难辞其咎的，这个问题需要我们一起去面对。

无论对于哪一个家长，当听到一向天真无邪的孩子嘴里吐出脏话时，想必心里一定不好受。面对孩子的这种不良行为，我们首先不要生气，因为有时不一定是孩子的错，可能是家长的责任，要学会从根源上仔细地去分析孩子具有这一行为的原因。

首先我们要明白，处于成长阶段的孩子有很强的模仿力。父母、同伴或者电视节目里所说的话语都可能成为孩子模仿的对象。他们可能只是无意识地模仿一下，并不是故意而为的。但作为父母也要注意，因为无论是父母在不经意间说的一句玩笑话或是争吵时的语言攻击，都有可能污染孩子的语言环境。而对于小男孩来说，爱玩、小伙伴多的特点使得他们更容易模仿并且运用那些听到的脏话，进而养成骂人的坏习惯。

其次我们也要认识到，即便是小孩子，也一样有发泄情绪的需求。正如大人有情绪时会忍不住说几句脏话，当小孩子内心有强烈不满时，他们也需要有发泄出口。当孩子与同伴发生冲突或者愿望得不到满足时，他们往往也会说出一些难听的话，例如"你快去死"、"你是浑蛋"等，这样在一定程度上可以舒缓孩子不满的心情。这个时候我们就要重点去考虑如何给孩子其他的情

绪发泄通道，从而避开说脏话的情形。

此外，还有重要的一点就是，我们要明白，其实很多时候，小孩子是不懂脏话的含义的，不知道自己说了伤害别人、侮辱别人的话，也不知晓其严重性。尤其是如果同伴之中有人在讲，他们也会因为觉得好玩而跟着一起说。甚至有些时候孩子为了引起父母或者别人的注意，也会利用说脏话这个方法去达到目的，作为孩子，他们每时每刻都想得到父母的关注，例如偶尔的捣蛋就是为了让父母多看自己几眼。当孩子发现说脏话后会引起轩然大波时，也许反而感到得意，以为自己掌握了一个让父母关注的新花招。所以，在听到孩子讲脏话时，父母最好先想一下原因，从自身和环境中去找罪魁祸首，然后再根据具体情况去对待。

关于纠正孩子骂人说脏话这个不良习惯方面，有不少办法可以参考。首先就是我们自己以身作则，创建一个文明的环境。如果家长本身有讲脏话的习惯，或者言语之间经常充满粗俗的用语，那就需要检讨一下自己了。另外，家长还应该有目的地筛选孩子所接触到的影视作品，让孩子结交语言文明的小伙伴，尽可能消除孩子学脏话的渠道。

还有就是要教育孩子用适当的语言表达内心感受。因为即便是对于成年人来说，无论是愤怒还是高兴，在过分激烈的情绪作用下，也都容易口不择言。我们一方面可以加强孩子的词汇教育，让他们有更多的表达方式去发泄自己的情绪；同时要培养孩子的情商，从小教育他要明白事理，就算遇到不高兴的事也要用

文明的方式去表达，因为脏话或其他不文明行为不但解决不了问题，反而会适得其反。

教子小贴士

1. 对于说脏话的孩子要从根源寻找问题。

面对满口脏话的儿子，做爸爸的一定要能够冷静分析孩子的脏话是怎么来的。要发现模仿源，发现是谁教他的，应该对这个人做工作，从根源上去纠正这个问题。

2. 听到孩子说脏话不要反应过度，更不要逗引孩子说脏话。

如果孩子说脏话骂人的目的是寻求注意，一定不要给他注意。他在说脏话时，要表现出毫无兴趣的样子。对毫无兴趣的事情，孩子自然也不会继续做下去。

32.

别让好奇心毁了你的青春期

儿子，随着你年龄的增长，你开始步入一个特殊的成长时期。在这个阶段，你的身体内部发生了显著的变化，比如，个头儿突然蹿了起来、粉刺在眨眼间冒了出来、喉结突出了、声音变

粗了。这就是每一个男孩子都要经历的成长阶段：青春期。这个时期之所以特殊，是因为你可能还无法在短时间内适应体内激素的变化，所以情绪会变得不太稳定，有的时候木讷、迟钝，有的时候焦躁不安，有的时候精力充沛。你开始尝试各种不同的个性，开始对异性感兴趣，甚至有时候会做一些出格的事情。青春期之中，男孩要完成从幼稚到成熟的转变，这需要一个成熟的引导者，而爸爸是这个角色的不二人选，这也是爸爸必须承担起来的责任，而对于这份责任，爸爸最想对你说的一句话就是：别让好奇心毁了你的青春期。

　　岁月飞逝，转眼间，你已经从一个小男孩成长为英姿飒爽的少年了，无论从生理上还是心理上，你都面临着一个人生中相当重要的阶段：青春期。在这个阶段，你会经历前所未有的身体变化，也会承受前所未有的心理转变。对于你将来的成长，这个阶段无疑有着非常重要的作用，因此爸爸希望能够帮助你共同渡过这一特殊的时期，为你的未来成长打下更加坚实的基础。

　　在这个阶段，你的身体进入快速发育期。一方面，睾丸激素使得男孩的第二性征出现并越发明显，同时也在影响着男孩的情绪和处世方式。而心理上，你的思想也开始朝着复杂化的方向发展，这个阶段的男孩开始具备分析自己和周围世界的能力，你经常会思考自己的感觉，审视生活中的事件对自己意味着什么，同时还能看清发生在身边的矛盾和对立。而且这个阶段的男孩会格外喜欢体育运动，以帮助你把因为激素变化而引起的躁动不安释

放出去。

更进一步的心理研究表明：在青春期初期，10多岁的青少年开始主动与家庭外的人建立关系。如果他们不能获得建立友谊所需要的社交能力，他们便会日渐孤立。如果缺乏这种能力，他们是可以通过同伴之间的相互学习去获取的。对于男孩子来说，他们的友谊通常是在同性伙伴之间存在的。这个阶段，男孩子的朋友比女孩子的要多，而且，与其说他们相信自己，不如说他们更多的是怀疑自己结交朋友的能力。男孩子较关心竞争性的奋斗，关心自己在别的男孩子心目中的形象；而女孩子，则即使在与最要好的朋友交往中，也常存在忌妒的情感。

男孩身体的变化以及伴随的情绪波动会让你感到困惑，伴随而来的就是孤立感。所以很多男孩只要是醒着，就不停地活动，哪怕是身体不动，耳朵也要听着动感的音乐。其实这是男孩在尽力回避那种痛苦的孤立感，不过对你来说，适当的安静和思考也是必要的，这会帮助男孩理清自己的思路。伴随着你思想上的这些变化，爸爸同时要面临另外一个问题，有一句至理名言这样说：没有秘密的孩子永远长不大，所以很多时候，爸爸都尽量克制自己不去追问你生活中的点点滴滴，更要劝说你的妈妈不要总是疑神疑鬼，因为在这个阶段，允许你拥有秘密和隐私，这是你成长中需要的权利。

不过这些秘密和隐私中有一个问题是可以例外的，那就是你对于异性的关注和好奇心。爸爸从来都是谨慎地跟你交流这个话

题，因为首先要肯定你喜欢异性是正常的，这是人之常情，但是爸爸希望你能够建立起健康正确的爱情观，而不是滥用这些好奇心。因为爸爸发现，这个时期的你心里开始有自己喜欢的女孩，为了取悦女孩，你开始注意打扮自己，并时不常地在女孩面前耍点酷。有些家长可能会紧张这些事情，但是爸爸不会，以过来人的角度，爸爸希望你能先听完下面的这个小故事。

说的是有一个农夫在地里种下了两粒种子，很快它们变成了两棵同样大小的树苗。第一棵树开始下决心长成一棵参天大树，所以它拼命地从地下汲取养料，储备起来，滋润每一枝树干，盘算着怎样向上生长，完善自身。由于这个原因，在最初的几年，它并没有结果实，这让农夫很恼火。相反，另一棵树也拼命地从地下汲取养料，打算早点开花结果，它做到了这一点。这使农夫很欣赏它，并经常浇灌它。时光飞逝，那棵久不开花的大树由于身强体壮、养分充足，终于结出了又大又甜的果实。而那棵过早开花的树却由于还未成熟时便承担起了开花结果的任务，所以结出的果实苦涩难吃，并不讨人喜欢，相反却因此而累弯了腰。老果农诧异地叹了口气，最终用斧头将它砍倒，用火烧了。这个故事是要告诉人们，过早去追求某些东西的结果只会导致最终的失败，所以我们不妨放远眼光，注重自身的成长和知识的积累，厚积薄发，许多事情在合适的时候自然会水到渠成。

爸爸希望你能够记住这个小故事，在很多事情上，不要因为自己的好奇心而去过早探索。站在男孩的角度上看问题，爸爸也

是从青春期过来的，回忆自己当时的真实想法和困惑，爸爸会更加理解青春期的你有同样的行为和想法。这也许是男孩子在路上的一个小小插曲，理解和包容是给男孩最好的礼物。爸爸希望能找一个机会和你分享自己年轻时候的故事，并且试着去培养一个共同的爱好，建立一个沟通的平台，从而能及时发现你遇到的问题和困惑，适时地给你以正确的引导和帮助，让你不致因为好奇心而做出一些错误的举动。

教子小贴士

1. 青春期是孩子长身体、长知识、形成世界观的关键时期，家长应帮他们把握航向，使孩子的青春期更加平稳地度过。

对于儿子来说，爸爸更要重视心理健康方面的引导。在青年人的自我意识迅速增强，从形象思维走向抽象思维的时候，家长要多向他们讲授科学、先进、健康的新鲜事物。如果出现对某些方面的过早关注等心理时，我们也要冷静分析，切莫粗暴对待。

2. 保持乐观情绪。

青春期的男孩子情绪容易激动，起伏大，有明显的两极性，如狂喜、激愤、绝望等。当爸爸的应该多引导他们学会自我调节情绪的本领，经常和他们谈心，让他们学会正确对待青春期遇到的各种问题，克服情绪易起易伏的弱点。

33

玩是你的天性，但是不要沉迷于任何游戏

　　爸爸小的时候，玩得最多的也就是跟伙伴们一起追逐打闹、推推铁环、砸砸杏核、扔扔纸飞机。而到了儿子你的童年，无论是物质生活还是精神生活都大大丰富，小小年纪的你已经是一个电脑高手，爸爸到二三十岁才开始接触电脑，而如今的你已经足以用你的电脑知识来教老爸了。这样的巨变让爸爸感到欣慰，毕竟信息技术的发展可以让你更早地学到知识，但是同时也带来了另一个问题：沉迷游戏。很小的时候你就已经学会自己打开电脑上网找游戏玩，而随着年龄的增长，你玩的游戏越来越复杂，你对游戏的兴趣也与日俱增。看着你与伙伴们讨论起游戏的兴奋表情，爸爸也感到了深深的担忧，毕竟你还小，很多时候自制力不足，一旦沉迷游戏，后果是非常可怕的。爸爸希望你能够多约束自己，这个阶段的主要任务还是学习，千万不要沉迷于任何游戏。

　　提到游戏，不得不说它自古以来都是深受人们喜爱的娱乐活动。如今，随着电脑及网络功能的日益强大，花样越来越多的电

脑游戏现已成为广大青少年和儿童最受欢迎的娱乐项目之一。爸爸的那几个同事家的孩子，不喜欢电脑游戏的几乎没有，而沉迷其中的倒是不少。长时间玩电脑游戏既危害身体健康又影响学习，还影响孩子的沟通交往能力和良好性格的形成，尤其是对正处在长身体、长知识阶段的中小学生，其危害性更大。所以，对于你玩游戏时所表现出来的强烈兴趣，爸爸很是担忧，我一直在想，怎样才能让你正确对待电脑游戏，避免沉溺其中呢？

爸爸有位同事的孩子，在小学三年级的时候，就十分喜欢电脑游戏，并已经有些着迷的迹象，影响到了他的学习和成长。这位同事很是无奈，就跟家人一起商量如何避免孩子进一步沉迷于电脑游戏，最终他们想到了一个方法，让孩子学一样特长，让他的兴趣转移。正好他们的一位朋友的孩子在学习钢琴，而且已经达到比较高的水平，他们就决定有目的地带着孩子去他家做客。刚到这位朋友家门口，屋里就传来了一阵悦耳的钢琴声，他们就在门口听完了这首钢琴曲才敲门进去，进去之后对他家孩子的钢琴演奏水平大加赞赏，还让他家的孩子又为他们演奏了两首曲子，弄得他家的孩子很开心，也很得意。回家后，这位同事就对孩子说："爸爸非常喜欢听钢琴的声音，你想不想也学弹钢琴？"孩子说他也很想学。于是，他们很快给他在少年宫报了一个钢琴初级班，开始学弹钢琴。他们告诉我，有一点非常重要，那就是一开始一定要让孩子感觉到弹钢琴并不是很难，只要付出努力，就一定能看到明显的进步，否则，孩子很快就会对弹钢琴失去兴

趣，进而会感到厌烦。

所以，爸爸的同事一再强调，在开始学习的初期一定要多陪同孩子，条件允许的话要跟孩子一起学习和记录，这样等到孩子回家后练习时，就能给他一些帮助了。后来这个同事的孩子的钢琴演奏水平进步很快，用了3年半的时间，他就拿到了钢琴弹奏的专业证书。你想，那个孩子有了正当的爱好，不再沉溺于电脑游戏，就已经很成功了，还学会了一样技能，那是多么开心的一件事啊。爸爸的这位同事非常开心和自豪，而爸爸也因此受到很大启发，决定用培养爱好来避免网络游戏给你带来的潜在威胁。

也正是因为这个原因，爸爸开始每个星期天下午带你去打羽毛球，每年暑假都带你去旅游，所有的这些活动都是希望让你在感受快乐的同时也为你的童年与少年生活留下美好的回忆，这样一来，你的注意力就不会被那些游戏占据太多，你的健康成长也自然会水到渠成了。所以我认为，当一个人有正当的业余爱好时，他有不良爱好的可能性就比较小。那些跟我有相似经历的爸爸们要想解决诸如孩子沉溺电脑游戏之类的问题时，不妨试着去培养孩子形成一种比较固定的业余爱好，这显然比唠唠叨叨的说教效果要好得多。努力去寻找一些更能带给孩子快乐的活动，培养孩子形成自己的业余爱好，把孩子从电脑前拉回来，这才是正确的做法。

当然，在培养爱好的同时，也要重点去培养孩子的自我约束力。人从幼年到成年是一个漫长的过程。在这个过程中，如果一

个孩子缺乏明辨是非的能力和道德观念，不对自己的言行进行适当的约束，任性放纵，想干什么就干什么，就会导致孩子人格的偏离，影响自身的健康成长，沉迷于电脑游戏就是一种偏离的表现，而更严重者会导致违法犯罪，对他人和社会造成危害。这都是作为家长不愿意看到的。因此，对于孩子所表现出来的沉迷游戏的情况，在积极培养业余爱好的同时，也要注重培养他们学会自我约束。

首先，我们在日常的生活中对孩子的要求不能有求必应。对于孩子的行为，正确的应该大力支持，错误的则需要想出好办法及时制止，比如玩游戏的时间越来越长，等等。如果放任错误行为，就易让孩子无法分辨是非，缺乏自我控制能力，培养出为所欲为的孩子。例如，上网玩游戏，几乎所有的孩子知道沉迷于此对学习无好处，可是仍有很多孩子对游戏过分留恋。这就是自控能力差的表现，需要引起我们的重视。

其次，做父母的应该重视孩子行为约束能力的培养，在日常生活中细心寻找自我教育的时机。我们可以与孩子一起制订每日的作息计划表，并且要让孩子明确制表的目的，然后按时完成表上的具体规定。当孩子做得好时，一定要及时给予肯定，借此激活孩子潜在的荣誉感及努力向上的愿望，有助于促进孩子养成良好的自我约束习惯；当孩子违反规定或有逆反心理时，要理性对待孩子的行为，疏导与引导双管齐下，才能更大限度地发挥作用，毕竟家庭教育需要智慧，需要我们更加耐心地付出。

教子小贴士

1. 对于孩子沉迷游戏的状况，家长要学会疏导。

男孩子的好奇心重，这也正是男孩子比女孩子更容易沉迷游戏的原因所在。而对于孩子的这些好奇心，做爸爸的一定不能忽视，要主动去引导他们的这种好奇心，把他们的好奇心分布到更广泛的爱好中去，这样可以最大限度地避免他们沉迷某种游戏。

2. 自我约束的能力和意识需要在细节中去灌输。

在生活中，对于好奇心重且顽皮的男孩子，做爸爸的一定要更加细心地去教育，要充分利用每一个机会去让孩子明白自我约束的重要性，比如给他讲一些故事和反面的例子，等等。自我约束能力的建立并不是一件简单的事情，需要每一位爸爸充分运用自己的智慧，才能最终实现目标。

第五章
如果你走得辛苦，
那是因为你在走上坡路

　　随着成长，也许你渐渐发现，这个世界远比你想象的要复杂，你要承担压力，要学会自己作决定。在这个过程中，爸爸会努力把自己的人生经验传授给你，也许你会觉得辛苦，但是要记住一句话："如果你觉得走得很辛苦，那说明你是在走上坡路。"

34.

当个小·男子汉，想要的东西主动去争取

今天带你去参加亲子活动，有相对激烈的竞争项目，虽然你也玩得很开心，但是爸爸发现，你并没有表现得像其他孩子那样具有强烈的求胜欲望，虽然你也很想要主持人手里的奖品，但是无论是抢答还是游戏，你都没有表现出强烈的竞争意识，爸爸问你想不想要奖品，你说想，但是让你往前冲的时候，你又时不时地打退堂鼓。爸爸觉得这并不是一个好现象，你已经是个小男子汉了，虽然平时在家里大部分时间是衣来伸手、饭来张口，但是日常生活中，爸爸始终都在强调你的独立意识和竞争意识。将来步入社会之后，很多东西都要靠你自己努力去争取才能得到，爸爸不希望你到时候仍旧打退堂鼓，你要学会靠自己的能力和努力去得到自己想要的东西，很多东西，你争取了，便会拥有；如果你只是在那里等，那么你永远也不可能拥有它们。

儿子，爸爸希望你能够明白：如果一个人在生活和工作中总是依赖别人的呵护与帮助，即便他具有再强大的本领，也只能是在激烈的竞争中不堪一击。所以，独立能力是具备竞争力的必备

前提。所谓独立，就是能够主动地发现问题、解决问题，并在任何形式的对抗中掌握控制的权力。独立是一种基础生存能力，是塑造自我、完善自我的首要条件。

对于孩子来说，独立解决问题的能力对于他的成长和发展来说是至关重要的。俗话说："温室里长不出参天松，庭院里练不出千里马。"这个道理虽浅显，蕴含的意义却很深刻。试想：如果我们的孩子3岁还不会自己上厕所、4岁还不会自己换衣服、5岁还记不住家的方向，那么，就算他能识字上千、背诗百首，人们能承认他是天才吗？这样的孩子长大后又会怎样呢？这样的例子在历史上其实比比皆是，许多"天才神童"在长大成人后沦为平庸之辈甚至丧失生活能力者并不少见。现实生活中，有不少父母认为，孩子还小，自己做事有危险，等到孩子大了，到一定的年龄，自然就会懂得独立。以至于很多孩子到四五岁时还不会自己穿衣服，遇到什么事情都要依靠父母。而事实证明，越早独立的孩子，长大后的自理能力越强，也更能适应现代社会的激烈竞争。

在西方，通常家长们都格外重视培养孩子这种独立竞争的能力。曾经有一位成功人士讲起自己小时候这方面的经历时这样说："小时候，有一天妈妈拿来几个苹果，我和哥哥弟弟都争着要大的，妈妈把那个最大的苹果拿在手上高高举起，对我们说：这个苹果最大、最红、最好吃，谁想得要它？很好，现在让我们来做个比赛。我把门前的草坪分成3块，你们一人一块，负责修剪好，谁干得最快最好，谁就有权得到最大的苹果。"我们3人

比赛锄草，结果我赢得了它。我非常感谢母亲，她让我明白了一个道理："要想得到最好的，就必须付出配得上它的努力。"

这种从小培养孩子勇于去争取、勇于去竞争的做法，对于孩子将来步入社会之后的帮助是非常大的。想必大家都有体会：曾经在家有父母的照顾，在学校有同学老师的照顾，但是走上工作岗位之后，身处职场，没有人再会刻意去照顾你，所有的事情都需要自己承受、自己打拼。许多刚毕业步入社会的朋友都会经历一段不适应的时期，觉得自己一下子被整个世界冷落了，但是心情低落一段时间之后就会明白：这个世界上除了亲人朋友，没有谁有责任去照顾你、呵护你，所有的事情都需要学会自己去承担，这正是每一个人步入社会后必经的成熟过程。事实证明，命运不会刻意去照顾任何一个人，它只青睐那些自强自立的人，一个人如果没有勇气去争取自己想要的东西，那么他永远不可能取得成功。

曾经有一位教授，专门观察记录一群大学生在课堂里的座位选择，他发现：有的学生总是喜欢坐前排，有的则是喜欢坐中间，有的则经常选择后面的位子。10 年后，这位教授公布了自己的研究结果：当年那些总坐前排的学生，事业获得成功的比例远高于其他同学。无独有偶，美国有一位著名的心理学专家的观察也证实了这一点。早在 1969 年，他就研究发现：主动选择最前排座位的学生参与课堂活动的比例达 61%，对功课更感兴趣，更愿意主动与老师交流。而选择最后一排以及两边座位的学生，参与比例只有 31% 和 48%，而且在听课时容易走

神、喜欢做小动作。可见，一个人主动选择坐前非，意味着他有更积极主动的心态，意味着他更乐于参与和交流，意味着他对新鲜事物有着更强烈的兴趣、保持着更敏锐的感觉，于是，他也就获得了更丰富的信息，获得了更多的展示和锻炼的机会，有了更强的自信心。

其实，是否坐在前排这个问题只是个形式问题，它所反映出来的本质问题是：一个人是否能够保持积极主动的心态？有了积极主动的心态，才有成长的动力。因为只有当一个人愿意成长的时候，成长才成为可能。

教子小贴士

1. 在日常生活中注意扩大儿子的接触面。

通常来说，那些怯于表现的孩子面对众多目光只是会觉得不安，而并不是讨厌赞美和掌声，所以，家长应有意识地扩大孩子的接触面，让孩子经常面对陌生的人与环境，逐渐减轻不安心理。要经常带儿子参与社交，鼓励他与同龄朋友一起玩耍，建立友谊，经常到同事、亲戚家串门；在假期的时候一家人背上行囊去旅游，让孩子置身于川流不息的游客潮中……随着阅历和见识的增长，孩子面对别人的目光时便会多几分坦然，也增加了竞争的勇气。

2. 尽量多创造机会让孩子去表现自己。

对于孩子来说，有了家长的肯定，再加上外人的广泛认可，孩子的自信心会得到强化。要抓住机会鼓励孩子去表达自己，争

取他想要的东西，当然，在这个过程中不能强迫，如果孩子还是拒绝，家长不要再施加压力，要给孩子一个台阶下，这样才能在保证孩子自尊心不受到伤害的情况下，让他积极地去表现自己。

35.

别担心，第一次谁都是这样的

儿子，这几天你都在为即将到来的诗歌朗诵比赛发愁，爸爸看到你每天练习，也看到你一提到比赛就愁眉苦脸、眉头紧锁的样子，爸爸知道你有压力，因为以前你从未参加过这样的活动，而且即便是课堂发言，你也一向不那么积极。不过爸爸要对你说的是：万事开头难，所有的事情第一次去做的时候都会觉得有压力，而一旦迈过这道坎，回过头来看的时候，又会发现，原来也并不是那么可怕。这样的心态不仅仅是你有，连爸爸这样的成年人在面对从未接触过的陌生领域时，也一样会紧张，会心里没底，这是正常的心理反应，但是爸爸希望看到你勇敢去面对，不要总是担心这个，担心那个，做好准备，去做就对了。

说起第一次，爸爸还记得你小时候去超市的一件事情。那时候你还小，一般到了周末超市里进行各种促销活动，会有很多促

销员，各种各样奶制品的促销员也在现场进行促销活动。在路过一个品牌牛奶的促销员身边的时候，看着你一脸期盼的神情，我们帮你拿了一小杯试喝，你喝得有滋有味。喝完之后，你拿着空杯子说："爸爸，我还想要一杯。"爸爸让你自己云拿，你不肯，说："你帮我拿嘛！"爸爸觉得这是个锻炼你的好机会，于是就当没看见，转过脸去，说"我们就在这里等你，你要的话自己跟阿姨去拿，别忘了谢谢阿姨"，你很是不高兴，但是看爸爸一脸态度坚决的样子，就自己小心翼翼地向促销牛奶的阿姨走去，但是走两步就回头看看我，再走两步又回头看看我。最后终于走到阿姨跟前，但是又不说话，阿姨忙着给别的小朋友派送牛奶，没注意到你，后来你又跑了回来。我问："牛奶呢？"你不好意思地摇摇头，又拉着我的手说："爸爸和我一起去拿嘛。"我还是坚持让你自己去拿，终于，你在促销台前徘徊了好一阵之后，阿姨注意到你了，我看见阿姨跟你说了说话，然后给了你一小杯牛奶，你拿着牛奶兴高采烈地回来了，我连忙竖起大拇指，表扬你长大了，看着你喝着自己拿来的牛奶，自己也格外开心。虽然整个过程差不多花了二十几分钟，但是可以肯定的是，你的自信心有了很大提高。从此以后，再逛超市的时候，让你去问促销阿姨拿送食品就没有那么纠结了。甚至慢慢地，课堂上的举手发言也多了起来，这让爸爸感到很欣慰，同时也意识到了无论教你做什么事情，第一次都是非常重要的。

对于男孩子来说，要格外注意培养他勇于去尝试的精神。没有哪个人天生就会做很多事情．总得去学习，总得有第一次尝试

的过程。在这方面，有些家长总认定全面照顾孩子是自己义不容辞的责任，因而事事处处总想包办代替，殊不知这么一来反而剥夺了孩子学习的机会，长此下去，孩子不仅可能手脚笨拙，而且还可能产生强烈的依赖性，丧失宝贵的自信心，对今后的生活也可能产生负面影响。此外，还有的家长对孩子缺乏耐心，他们往往不现实地要求孩子"一蹴而就"，而在孩子遇到挫折时便强迫孩子放弃努力。这些家长对孩子尝试各种事情的标准要求过高，这也看不惯，那也看不惯，最后就往往索性完全由自己代劳，还认为这样反而省事、省时、省心，实际上呢，他们扼杀了对于孩子而言最宝贵的东西：尝试的勇气。

曾经有位教育专家总结说：说到底，给孩子多多提供尝试机会也是实施挫折教育的一个有机组成部分。原因很简单：孩子一旦被剥夺了尝试的机会，也就等于被剥夺了犯错误和改正错误的机会，因此也不可能迈向成功之路。这位专家提醒家长说：要让孩子的尝试取得成效，还必须注重循序渐进，注重不同年龄段的孩子不同特点，注重各个孩子的不同个性，并充分了解和尊重他们各自的兴趣喜好以及心理需求。他主张一开始让孩子做一些难度较小的尝试，以便孩子取得成功后自信心上升。接着再渐渐增大尝试的难度，目的是让孩子在失败和挫折中培养不向困难低头的精神。他还特别强调，孩子的种种尝试必须出于自愿，勉强或强迫只会事与愿违或事倍功半。

生活中，所有人都要经历很多个"第一次"，也都不可避免地会经历失望，所以，我们要教会孩子学会接受失望，鼓励他们

以正确的方式来表达自己的感情。比如，可以让他在你怀里痛哭一场，这是最健康的表达伤心的方式。在他完全发泄完后，就能很快渡过难关，然后开始做下一件他喜欢做的事情了。对于孩子来说，什么才是真正的失败？在教育专家的眼中，当孩子尝试某个从未接触过的任务但最终未完成时不叫失败，只有当他们懈怠懒惰从而导致事情失利时才叫失败。要记得提醒你的孩子，最终的胜利不是最重要的，真正重要的是他参与了，尽了全力，并享受这个过程。

教子小贴士

1. 重视儿子的每一次尝试，而不是结果。

无论是孩子自己有目的地尝试，还是在家长或者老师的建议下专心致志地做某些事情，他们都将从成年人对事物的看法和评论中懂得一些道理。男孩子要尽量培养他敢于尝试的性格，所以做父母的应当尽量把着眼点放在他们进行尝试的心态上，而不要过多地注重于最终的结果上。

2. 不要担心第一次的失败给儿子带来阴影。

男孩子其实要比我们想象的更坚强，他们能处理好失望、难过等不良情绪。因此，如果你认为你需要控制他们生活中的每件事，这样他们就不会经历伤心与失望，那你就错了。生活中充满各种各样的经历，有美好的、有消极的，经历这些感受并不是坏事，可以帮助孩子更快地坚强起来，更快地适应这个世界。

36.

劳动其实是一件充满快乐的事情

  曾经有一位非常有名的企业家说过一句话："认真、努力地工作，克服痛苦和辛苦后取得成功时的成就感是人世间无可替代的喜悦。"许多年来，爸爸对这句话始终记忆犹新，儿子，不管是对于你的学业，还是未来你走上社会所要打拼的事业，我都希望你能够时刻把这句话记在心上。付出劳动，收获快乐，这其实就是对于成功最好的总结。爸爸不希望你成为一个懒惰的人，因为懒惰的人永远无法体会成功的快乐和幸福。劳动是平凡琐碎的，有时更是汗流浃背的艰辛。但是你若能体会到劳动的意义，端正了对劳动的态度，就会感受到劳动苦中有乐，劳动伟大光荣，劳动是一件快乐的事情。

  很多人说过：人生以快乐为本。这句话的意思并不是说活着就为了享乐，而是说生活里如果没有快乐，就变得黯淡无光了。每个人都希望每天能够拥有一份好心情。但烦恼和忧虑等常常破坏我们的心情。许多人都觉得自己已经被沉重的压力和繁忙的工作剥夺了快乐的权利，这其实是一种错误的想法、错误的心态。

生活的快乐从何而来？快乐与幸福不会从天而降，需要你去寻找、去发现、去创造、去感受。有一句话说："生活不是缺少美，而是缺少发现。"这句话也可以换成"生活中不是缺少快乐，而是缺少发现"。人生其实就是一个奋斗的过程，一个有责任感、有担当的人不可能去逃避应有的压力和劳动，而是善于从压力和辛勤劳动中寻找快乐、制造快乐。这种在劳动和付出中获取的快乐并不同于简单的快乐，而是一种发自内心的快乐和幸福感，无可替代。

　　奋斗其实是一个很寂寞的过程，成功的路径是一个默默无闻拼搏的过程，如果你感受不到其中的乐趣，感受不到成功希望的召唤，你也许将会唉声叹气、身心疲惫、半途而废，那你就会永远等不到成功那一刻的欢愉，实际上，奋斗的乐趣就存在于奋斗的进程中，而不是成功的时刻。因为在奋斗的进程中，我们才能感受到人生的酸甜苦辣、逆顺进退、成败得失，才能对人生有更加深刻的体会，也才能更加珍惜成功的可贵。

　　曾经有一个小故事，有人问一位企业家："送给你1000万，和你花3年时间去赚1000万，你觉得哪个有乐趣？"许多人可能会在第一时间蹦出这个念头："先拿走1000万，然后去做自己喜欢做的事。"可是那位企业家当时却予以否定，他把这种选择归结为没有把人生看透。

　　"你拿1000万做自己的事，什么是自己的事？你会发现人生最有乐趣的就是从零到1000万的这一段。就像玩电脑游戏，如果一开始就是无敌状态，你必然会兴趣索然，因为没有乐趣。什么

是乐趣？你现在很弱，周围的人都很强大，你要千方百计发展自己，在一个小角落里发展、壮大，最后与之抗衡，这才有意思。成功的乐趣在哪里？在于最后成功的那一刻，还是在于从最困难的时候开始，中间不断享受奋斗？如果你让我挑，我不会选择塞给我1000万，我会选择自己一点一点去赚、去发展。相比之下，最后有没有那1000万都不是最重要的。"

劳动和付出不光是取得幸福的手段，它本身也是一种幸福的姿态。对害怕劳动和付出的那些人来讲，是对奋斗的真正含义的理解有一定的偏差。他们认为劳动和付出是痛苦的，是在受折磨。其实，劳动与付出不是为了成全某种功利的目的，它本身就意味着激情、快乐与自豪，意味着收获与赠予。如果你把一个人体验奋斗的过程想象为是去受苦，那么你永远都不会去奋斗，也永远体会不到那些奋斗的人在奋斗过程中得到的乐趣和能力的提高。

人有一种天生的惰性，总想着吃最少的苦，走最短的弯路，去获得最大的收益。然而有些事情，别人可以替你做，却无法替你感受，缺少了这一段付出劳动的奋斗历程，你即使再成功，精神的田地里依然是一片荒芜。成功的快乐、收获的满足不在奋斗的终点，而在拼搏和付出劳动的过程，该你走的路，要自己去走，别人无法替代。

劳动本身也是一种付出，对未来的付出。而付出本身就是一种快乐，当我们为了一个梦想或目标而孜孜不倦地努力时，在这个过程中，我们心灵所获得的安宁和精神的充实就是一种巨大的

快乐。每一次付出都是一次成长，使我们感悟，使我们反省，如同汲取了养分的土地才能孕育出更好的果实。付出需要劳动，有时候是为了自己，有时候是为了别人，俗话说："赠人玫瑰，手有余香"。当别人遇到困难的时候，你付出一点点你力所能及的劳动，得到的回报是在帮助过程中所获得的快乐，受帮助的人快乐，施助的自己也快乐，何乐而不为呢？而且，付出的人比得到的人更快乐，相信懂得付出的人会有同感。因为，快乐具有传染性，你让别人快乐，自己也会感到快乐。相反，如果你只活在自己的世界里，那你只会抱怨这个世界没有让你开心。正如镜子和窗户，镜子中看到的永远只是自己，而透过窗户才能看到别人。人生永远是有失才有得的，不付出辛勤劳动的人将一无所得，只要付出了劳动，哪怕只是微不足道的付出，得到的也会是付出的好几倍。希望得到快乐的人，千万不要吝啬自己的劳动付出，而让快乐离你而去，因为付出是快乐的前提。付出是快乐之源，更是生活之本。当每个人都乐于劳动、善于奉献时，就会惊喜地发现自己的生命因为付出劳动而精彩，生活因为付出劳动而快乐。

　　要想有所收获，就必须付出劳动，而劳动给我们带来的不仅仅有收获的喜悦，还有劳动过程中收获的快乐，以及辛勤付出的自豪，因为我们付出的劳动不仅仅只为了自己，我们也会为别人付出劳动，为身边的亲人、朋友、爱我们的人、认识或者不认识的人，这样的劳动付出所获得的快乐会远大于为自己劳动付出所得到的快乐。明白了这个道理，我们就会把付出劳动当作是一种享受，而不是辛勤劳作的压力。事实也正是如此，那些生命中充

满快乐的人，都是那些勤勤恳恳乐于付出的人，而那些懒惰者、不愿意付出劳动期望不劳而获的人，他们的生命与快乐这个词往往都是绝缘的。

教子小贴士

1. 要让儿子明白，劳动是一种责任，这种责任需要勇敢担当。

人生在世，有吃饭穿衣的权利，也就有劳动的义务与责任。天上不会掉馅饼，要生存就要担当劳动的责任。家长要不断给孩子灌输这种思想，使其增强劳动的责任感。为了让孩子明白劳动的责任，我们要督促孩子参与和学习劳动，这种责任意识和担当责任的行为是无论多少金钱都买不到的。

2. 告诉儿子，热爱劳动是种美德。

"劳动者是最美的人。"劳动者美在心灵，美在品德。劳动美德需要精心培养。家长在培养孩子劳动美德方面是需要用心的。这个培养过程伴随着家长的严格要求、正确引导、适时激励和及时鞭策，没有娇惯溺爱，没有浅尝辄止，也没有无原则地宽容和放纵，生活留下了深刻的印记，岁月留下了厚实的积淀，劳动的美德由此而形成。

这个世界上没有奇迹，只有勤奋

爸爸今天听见你说，班里的某个同学真神奇，数学课不听讲打瞌睡照样全班第一，还当课代表。爸爸在想，一定要抽一个时间跟你谈谈，纠正一下你的这种看法。你口中所说的"奇迹同学"，其实爸爸在上学时候也遇到过，每一个学校、每一个年级、每一个班级都有那么几个平时看起来马虎捣蛋却又成绩遥遥领先的同学，大部分同学甚至有些老师都会把这种现象归功于"天赋"这两个字，而他们的"奇迹"故事也总是在同学中间广为流传。但是，问题的本质究竟是什么呢？爸爸觉得这其实要归功于"勤奋"二字。再非凡的天赋也不可能不经过学习就掌握知识，你只看到那位同学上课打瞌睡，却没有看到人家学习时有多么用功多么高效率，也看不到人家的学习方法有多么科学，所以说，爸爸必须告诉你：不要相信奇迹，只有勤奋才是成功的唯一保证。

儿子，既然你说到了奇迹，爸爸先来给你讲一个奇迹的故事吧。爸爸小的时候住在老家独门独院的房子里，童年时期最

大的乐趣就是在院子里观察各种昆虫和动物。有一天我发现，一只黑蜘蛛在后院的两檐之间结了一张很大的网。两个屋檐距离好几米，它是怎么做到的？难道蜘蛛会飞？要不，从这个檐头到那个檐头，第一根线是怎么拉过去的？爸爸百思不得其解，觉得实在是太神奇了。后来，经过好几天的观察，我终于发现了蜘蛛结网的秘密。它先是走了许多弯路从一个檐头起，打结，然后顺着墙壁爬到地面，一步一步向前爬，小心翼翼，翘起尾部，不让丝沾到地面的沙石或别的物体上，就这样走过空地，再爬上对面的檐头，高度差不多了，再把丝收紧，以后也是如此。爸爸在观察到这个过程之后无比吃惊，蜘蛛不会飞翔，但它却能够把网结在半空中，完成这个奇迹，蜘蛛原来靠的就是最简单的方法，它是勤奋、敏感、沉默而坚韧的昆虫，它的网织得精巧而规矩，八卦形地张开，仿佛得到神助。这样的成绩，使人不由想起那些创造奇迹的人，于是，我记住了蜘蛛不会飞翔，但它照样把网结在空中，这样的奇迹正是它的执着和勤奋造成的。

其实这个世界上类似蜘蛛结网的奇迹并不少见，有多少成功的案例都是因为一次又一次的努力而造就的。爱迪生发明电灯历经了 3 年多的时间，每天工作十八九个小时，几千次的反复试验，发明了最早的竹丝电灯，后来，他又以惊人的勤奋经过 10 年的时间，5 万次的试验，发明了碱性蓄电池。他一直以来被大家用作激励自己的座右铭也是与努力息息相关，"天才是 99% 的勤奋加 1% 的灵感"，他把他所取得的成就归功于"勤奋"二字。生活中

有太多的数也数不清的例子，比如王羲之洗笔将一口池塘的水洗成了黑色，才有了今天的墨宝；李时珍花了31年的工夫，品尝百药，造就了《本草纲目》。这些被视为"奇迹"的成就，无一不是建立在勤奋的基础上。

有些时候，我们会觉得某些人的成功纯粹出于偶然，是刚好赶上了某个时机，因此我们把他们成功的原因归结为运气好，并以此作为自己失败的借口。可实际上，成功存在着它的必然性，必须具备了各种成功要素才能取得实质上的成功。可以说，对于成功而言，没有运气，没有偶然，有的只是付出努力与空谈梦想的巨大差别。从来都没有无缘无故的成功，任何成功背后都有它的理由，这理由中从来没有"偶然"、"奇迹"这样的字眼。我们必须认识到，成功之路上尤其不可取的就是侥幸心理，任何想要借偶然机会取得成功的人必将遭受失败的命运。而每一个成功人士都经历过常人无法看到的辛苦努力。现实生活中，成功与机会并存，成功总是给那些有准备的人的，是他们通过不懈努力换来的结果。失败并不是因为别人改变你或者命中注定的，而是你自己的失误、没有努力、没有坚持所造成的。

儿子，爸爸不希望你脑子里满是什么"奇迹"、"偶然"这样的想法，即便有些时候成功难免会沾上几率学中的情形，但那毕竟是靠不住的，唯一靠得住的只有自己，只有自己坚持不懈的努力。成功从来都缘于勤奋，从来没有人说过成功缘于奇迹。爸爸希望你成为一个脚步坚定、踏踏实实的男子汉，而不是一个满怀侥幸心理想要走捷径的懦夫。无论是现在的成绩，还是将来的人

生目标，想要什么，就要靠自己的勤奋去争取，除此之外别无他途。

所以说，成功从来不存在偶然，即使有些时候它看上去披着偶然的外衣，但是究其本质，还是那些坚持不懈努力拼搏的细节在起着决定性的作用。芸芸众生，无不在追求着自己的理想、憧憬着成功，然而真正可称之为成功的人却是寥寥无几，原因就在于这成功绝非偶然，而在于那些不为人知的默默无闻的努力和付出，在于那些通往成功之路上的细小沙粒，甚至是要经受嘲讽的丑石淤泥。总而言之，成功之路没有偶然，更没有意外，有的只是付出才有回报的铁一般的定律。无论何时何地，无论我们的梦想如何，我们必须牢记，只有量变才能引起质变。没有足够的付出，就不可能站在成功的终点，成功的道路上，从来都没有偶然。

教子小贴士

1. 让儿子明白"量变才能引发质变"的道理。

很多看似创造奇迹的成功者，其实早就积蓄好了能量，不过在等待梦想成真的机会而已。只有通过勤奋努力积蓄能量，才能拥有发现机遇的能力和把握机遇的能力，然后一步步走向成功——这就是成功的秘诀。就像躺在路边的金子，发现只是第一步，但你没有力气，捡不起来，也是失败。

2. 教会儿子不要只看表面，奇迹的背后是辛勤的付出。

俗话说，"台上一分钟，台下十年功"，我们往往注意到的是

别人在台上的神奇表现，却没有人看到他们在台下坚持不懈辛勤付出的汗水。成功从来都没有偶然，奇迹也不是从天而降，要想实现奇迹，唯一的方法就是坚持勤奋努力。

38.

不要惧怕压力，那其实是你的动力

"这个体育老师太变态了，制定目标的时候简直是在虐待我们！"爸爸听到这样的抱怨从你口中发出，也禁不住哑然失笑，因为爸爸想起了自己曾经在办公室发过类似的牢骚，连语气简直都一模一样！但是这么多年的人生阅历告诉爸爸，有时候承受这样的压力，对于你的成长和发展而言其实是一件好事。爸爸希望你在抱怨之余也能够明白这个道理。压力如果用正确的方法去处理，是可以转化为动力的，它可以把许多不可能的东西变为可能，也可以让你发现自己不曾爆发过的潜力。总而言之，儿子，不要惧怕压力，压力可以让你更清楚地看到自己，学会承受压力，是你人生的必经之路。

儿子，爸爸当年刚步入社会的时候，在工作中也曾有过你这样的心态。那时我的一个上司对工作要求很高，有的时候甚至苛

刻，于是总使我感到压力大而且不满，不免发几句牢骚。当时年轻，总觉得凡事差不多就行了，凭什么死较真儿、认死理儿，自己非跟自己过不去？当时，每当见到我们面对工作压力不理解、不满意的时候，这位上司总是把一句话挂在嘴边："井无压力不出油，人无压力轻飘飘。"用这样通俗易懂的话为我们阐明道理，激励我们的工作热情。

后来，随着年龄的增长和人生阅历的增加，我对这句话才有了更加深刻的理解与体会。压力与动力确实是一对孪生兄弟，相辅相成、互为作用。压力是坏事，也是好事，这要看从什么角度去看、去分析。面对压力的态度很重要，甚至决定一个人的人生。人正是因为有了压力，才更加有紧迫感、危机感、使命感，才更加清楚自己的目标，才更加明确自己的定位，才更加清楚自己的差距。于是化压力为动力，向着更高更美的人生理想挺进，绚烂生命的光彩，放大人生的价值。

关于压力的故事，在第二次世界大战时有一个有趣的小故事，当时美国空军和降落伞制造商之间达成供货协议，当时，降落伞的安全性能不够。在厂商的努力下，合格率已经提升到99.9%，仍然还差一点点。军方要求产品的合格率必须达到100%，对此，厂商不以为然。他们认为，没有必要再改进，能够达到这个程度已接近完美。他们一再强调，任何产品也不可能达到绝对100%的合格，除非出现奇迹。我们不妨算个账：99.9%的合格率，就意味着每1000个伞兵中会有一个人因为跳伞而送命，军方当然不愿意自己的士兵白白牺牲性命。后来，军方

改变检查质量的方法，决定从厂商前一周交货的降落伞中随机挑出一个，让厂商负责人装备上身后，亲自从飞机二跳下。这个方法实施后，不合格率立刻变成了零。

这个小故事表明，在有压力的情况下，很多曾经认为无法实现的目标会实现。无独有偶，曾经有专家做过专门的调查研究，当一个人定出目标时，他最终达成的成果不会距离所设定的目标10%。举例来说，假设你的语文考试的目标是90分，那么最终你能考取的成绩大约是在82分至98分之间。曾经有一个音乐学院请来一位教授，他在几周的授课里，分别给学生们难度越来越大的乐谱，而学生们每周都很难完成教授布置的功课，学生们只好硬着头皮坚持练习，这样的情况还在继续，同学们也被弄得没有学习兴趣了，觉得这样下去怎么能学好音乐呢，对教授的教学方法也产生了怀疑。

终于有一天，当教授发难度更高的乐谱给学生时，一个学生忍不住质问教授。教授拿出最早的那份乐谱，并让这个学生弹奏一遍。奇怪的事情发生了，这个学生居然把这首曲子弹得很美妙动人。学生们都不敢相信眼前发生的事是真的。教授又拿出第二周的乐谱让学生弹，学生仍然弹得不错。学生们都疑惑地望着教授，不解其中的道理。教授说，我不断提高乐谱的难度，是为了让你们在压力之下把最擅长的表现出来，因为压力，你们会更容易获得提高。

听完这个音乐教授说的话，我又想起了"井无压力不出油，人无压力轻飘飘"这句话，其实压力是每个人的生命中都会遇到

的人生常态，你不能回避，也不能逃避。无论你承认与否，压力就在我们面前，它让你无处躲闪，无处藏身。压力面前采取什么态度，关系到一个人的人生哲学与人生的价值：那些勇于面对压力、善于把压力化为动力的人，通常是人生异常丰满、乐观旷达、积极向上、充分体会到生命意义的人；反之，那些逃避现实、推诿困难、不敢直面压力的人，一般是悲观厌世、行为消极、拈轻怕重、不思进取的人。他们的人生必将干瘪黯淡，他们的生命必将缺乏光彩。

教子小贴士

1. 让儿子适应不断提高自身要求的压力，生活中要有意灌输这种思想。

前面的例子中音乐教授的做法，完全可以用在督促儿子学习和生活上。把目标定得稍高一点，而不是常给自己定容易完成的工作任务，让孩子慢慢去发现：原来不知不觉中，看似难以超越的工作挑战和压力，现在已经变得很轻松了。

2. 要让儿子明白：每个人自出生之时起就必须面对压力。

生活中的压力来自各个方面，产生的原因也是复杂的，告诉儿子学会面对压力是人生的必修课，让他知道"压力就是动力"，面对压力，只有迎难而上才能真正摆脱压力，成为最终的胜者。

39.

试试看，这个问题由你自己来解决

在爸爸的坚持下，你早已经习惯了独自上学放学、独自去超市购物，等等。但是在爸爸看来，这还不够，你已经长大了，很多时候，爸爸希望你能有个小男子汉的模样，比如，独自作决定、独自计划并完成一件事情。这些都是除了学习课堂知识之外你必须要掌握的生存本领。最近一段时间，你有没有发现，爸爸变得越来越"懒"了，什么事情都想指望你去做，这其实是爸爸耍的小花招。爸爸发现，有些时候，让你独立负责一件事情时，可以更大限度地激发你的积极性，这是爸爸乐于看到的，因为在这个过程中，你学习生存技能以及基本生活常识的效率会空前提高，会学到很多从书本和学校学不到的知识。

爸爸的一位同事去年去美国探亲时，看到一件很有意思的事情：美国的家长喜欢带孩子去郊游和野餐。有一次，他去海边度假，看到许多小孩在海边玩耍，其中一个小孩用手捧着水往岸上的一个坑里灌。由于用手捧水会漏，距离又远，水总是装不满，他反反复复地试了很多次，丝毫不泄气。后来他停下来想找一个

可以盛水的东西，但旁边什么都没有；最后他跑到妈妈身边，从自己的小包包中取出一张较硬的纸，然后折成盒状再去盛水，坑洞很快就盛满了水。孩子高兴地笑了，回头看着身后的妈妈，这位美国妈妈正在为他鼓掌喝彩。

很多家长很少去思考：在无微不至的关怀下，我们的孩子将会失去什么？每当学校举办户外活动，我们的老师总是对孩子嘱咐再三，像注意安全、要遵守秩序、不要乱跑、队伍排整齐……许多家长和老师都有一个通病：唯恐孩子发生意外，不仅不敢让孩子走向大自然探险，就连孩子上下学的路上也担心被车碰撞到、遇到坏人等。我们不是常见到行色匆匆送孩子上学、放学的时候围在校门口焦急等待的家长吗？总觉得孩子长大后就能放手了，然而却因为这种前怕狼后怕虎的心态，总让孩子生活在大人的保护下，却扼杀了孩子的独立性。

我们应该给孩子独立锻炼的机会，比如，单独活动、自行购物、与小朋友交往、独立完成作业等，越是有一定的难度，越是要让孩子自己去做。因为只有让孩子经常完成具有一定难度的事情，他才能够锻炼自己克服困难的能力和体验到成功的喜悦，从而增强自信心和独立性，并变得坚强起来。

有一个小故事是这么说的：老人在山里打柴时，拾到一只很小的样子怪怪的鸟，那只怪鸟和出生刚满月的小鸡一样大小，也许因为它实在太小了，还不会飞，老人就把这只怪鸟带回家给小孙子玩耍。老人的孙子很调皮，他将怪鸟放在小鸡群里，充当母鸡的孩子，让母鸡养育。母鸡没有发现这个异类，全权负起一个母亲的责

任。怪鸟一天天长大了，后来人们发现那只怪鸟竟是一只鹰，人们担心鹰再长大一些会吃鸡。为了保护鸡，人们一致强烈要求：要么杀了那只鹰，要么将它放生，让它永远也别回来。这一家人自然舍不得杀它，他们决定将鹰放生，让它回归大自然。然而他们用了许多办法都无法让鹰重返大自然。这只鹰从小习惯了被照顾，死活不肯离去。后来村里的一位老人说：把鹰交给我吧，我会让它重返蓝天，永远不再回来。老人将鹰带到附近一个最陡峭的悬崖绝壁旁，然后将鹰狠狠向悬崖下的深涧扔去。那只鹰开始也如石头般向下坠去，然而快要到涧底时，它终于展开双翅托住了身体，开始缓缓滑翔，然后轻轻拍了拍翅膀，就飞向蔚蓝的天空，它越飞越自由舒展，越飞动作越漂亮。它越飞越高，越飞越远，渐渐变成了一个小黑点，飞出了人们的视野，永远地飞走了，再也没有回来。

　　想让鹰学会飞翔，就要给它蓝天，整天待在鸡窝里，它是永远学不会飞翔的。我们要想让孩子的人生有所造就，就必须懂得在关键时刻把他带到人生的蓝天，让他去历练、去学习，最终才能真正飞翔起来。我们必须明白：时光会流逝，父母不可能永远跟着孩子，无法为孩子预约未来；社会在进步，事情不会一成不变，也不能为孩子设定方法；更何况孩子长大后所处的时代一定跟他小时候的年代不同，身为父母，自己能否完全适应现在这个社会都是未知数，更何况孩子？倒不如让孩子在他力所能及的事情上，自己去思考问题、解决问题，逐步培养孩子独自处理事情的能力。对于孩子来说，过程比结果更重要。这样，孩子才能大胆地去探索外面的世界，才能得到锻炼，为未来打下坚实的基础。

1. 要学会抓住教育时机，适时地给予引导。

很多独立的习惯要注意从小去培养，观察儿子在独自处理问题时有哪些优点和不足，然后有针对性地去锻炼他。

2. 一定要给孩子提供自己解决问题的机会。

很多时候家长不妨刻意给儿子"制造"一些麻烦，然后让他自己去想办法解决。在这个过程中，刻意培养儿子的思考能力、变通能力以及作决定的能力，对于他们思维方式的建立以及勇气的发展都有很大的帮助。

40.

要知道，学会细心才能做好任何事情

儿子，你已经不小了，但是却仍然整天一副马大哈的样子，做事情丢三落四，从不善后，很多地方明明提醒过你，但是一转眼你就忘到九霄云外去了。这可不是个好现象，细心是一项非常重要的素质，对于你人生的发展以及成长都有着非同小可的意义，爸爸希望你一定要重视起来。很多你觉得是小事情的细节，

实际上却是非常重要的环节，处理一件事情，无论大事小事，你都要细心把各个大小环节考虑周全，这才是正确的做事情的态度，也只有如此，你才能把每一件事情做得漂亮。人生的道路上等着你去处理的问题还有很多很多，如果你始终无法改掉自己马大哈的习惯，那么你会在人生的这条路上摔得很惨。

爸爸先来给你讲一个故事吧。17 世纪末的一天，里奇蒙德·亨利伯爵带领军队去攻打当时的英国国王查理，这场战役将决定谁有统治英国的权力。战争进行的当天早上，查理派了一个马夫去备好自己最喜欢的战马。"快点帮它钉掌！"马夫催促铁匠说，"国王希望骑着它打头阵。"

"可是你得等等。"铁匠回答，"我前几天帮所有的马都钉了掌，现在我得找点儿铁片来。"

"没有时间了。"马夫不耐烦地叫道，"国王的敌人正在进攻，我们必须抓紧时间在战场上迎击敌兵，有什么你就用什么吧！"

铁匠赶紧从一根铁条上弄下 4 个马掌，把它们砸平、整形，固定在马蹄上，然后开始钉钉子。钉了 3 个掌后，他发现只剩下 3 个钉子了，按照惯例，每个马掌需要 4 个钉子来固定。"我得去找钉子。"铁匠说。可是马夫已经没有耐心了，他要求铁匠用 3 颗钉子把最后一个马掌钉上去，然后急匆匆地走了。

很快，两军交上了锋，查理国王冲锋陷阵，率领士兵迎战敌人。谁知冲杀了没两个回合，一个马掌突然掉了，战马跌翻在地，查理也被摔倒在地上，还没等他再抓住缰绳，惊恐的马就跳起来逃走了。查理环顾四周，他的士兵们纷纷转身撤退，敌人的

军队包围了上来。他的军队看不到自己的国王，很快就分崩离析，战争就这么结束了。

从那时起，就开始流传着这样一句话：少了一个铁钉，丢了一只马掌；少了一只马掌，丢了一匹战马；少了一匹战马，败了一场战役；败了一场战役，亡了一个国家。

因为图省事，省掉了一个马掌钉，最终灭亡了一个国家，所有的损失都是因为少了一个马掌钉。正所谓"万事之始，事无巨细"。的确如此，很多时候能够击垮我们的往往不是巨大的挑战，而是一些小事、一些细枝末节。小小的疏忽有可能发展成大漏洞，许多看起来不重要的细节最终却破坏了大局。正所谓"种瓜得瓜，种豆得豆"，种下失败之因，就会结出失败之果。许多事情制胜的关键，往往是被忽略的小细节。

儿子，爸爸希望你能够从这个故事中领悟到些什么，不要觉得有些事情微不足道，也不要觉得一些细枝末节可以安心去忽略。要知道，海之所以辽阔，是由一点一滴的山涧细水会聚而成；许多的小习惯是由细节累积而成的，而这些小习惯也往往会在重要的时刻展现出它的影响力，至关重要的小细节便成了这些影响力的小螺丝钉。一个完美的人生，也是由许许多多或美好或不幸的事件组合而成。细节对每个事件而言都是关键，这些细节决定了事情的成败，甚至能决定人的一生。所以从细节入手，切不可因小失大，功亏一篑。

我们的生活其实是由一些小得不能再小的事情构成的，可我们总是倾心于远大的理想和宏伟的目标，总觉得那些微不足道的

小事不过是秋天飘落的一片片树叶，没有声响，我们总是忽略了不该忽略的小事情、小细节，从而在接踵而至的小事面前穷于准备，忙于应付。如果把我们的人生历程比作一条精美项链的话，那么，我们所走的每一步便是项链上的一颗珍珠，珍珠的美丽，需要我们用一个个的细节去修饰。

曾经有一位英国作家这样说道："细节是构成金字塔的一块块方石，是铺就铁路时自甘居下的一条条枕木。"我们只有关注细节、把握细节、演绎细节，才能把握人生和命运。比如爱因斯坦，他的天才造就了相对论，但他的演算并没有复杂的微积分，没有精致的三段论，只有几万次看似普通的计算。推理或证明本身很微小，但正是这些微小的细节促成了人类科学史上的一次次突破和飞跃。正是因为他们注重了工作中的每一个细节，他们的事业才取得了非凡的成功。

关注细节，需要我们从小事做起。很多人认为，我们是普通人，做的都是一些平凡的小事，用不着多么细致就能做好。其实不然，大事、难事都是由小事堆积而成的，细节寓于小事之中。生活的辩证法提醒我们：随着环境的变化，小事会变成大事、难事，大事、难事也会变成小事。老子讲"天下难事，必做于易；天下大事，必做于细"。纵观古今中外，大凡成功之士，无不是从基础做起、从小事做起、从每一细微之处做起的，而成功人士的可贵之处正在于此。那些总是盲目相信"天将降大任于斯人也"、寄希望于天上掉馅饼的人，到头来只能是痴人说梦。人们都想成就一番事业，却不愿意或者不屑于做小事。事实上，在这

个分工越来越精细的社会，真正的大事实在太少，更多的是具体的、琐碎的、单调的小事。因此，成就大事，还得从小事做起。

教子小贴士

1. 从锻炼观察力开始，让儿子在观察的过程中逐渐发现越来越多的细节。

懂得观察周围细微事物的人，往往能在这些观察中获得关键信息。孩子从小养成注重细节的好习惯，才能发现并做好更多的细节，从而在竞争激烈的社会里胜过别人。

2. 让儿子明白："1%的疏忽，就可能导致100%的失败"。

告诉儿子，日常生活中那些琐碎的事、单调的事也许过于平淡，也许鸡毛蒜皮，但这就是生活，同时也是成就大事的不可或缺的基础。正所谓重视细节不疏忽，平凡之中见伟大，表达的正是这个意思。

如果你实在完不成，记得告诉爸爸

今天让你收拾阳台上你的那一堆玩具杂物，你兴致勃勃地开始，到末了却愁眉苦脸地告诉我们要放弃了："我已经尽力了，今天实在弄不完了，而且杂物柜里空间那么小，我实在摆不整

齐……"其实爸爸早料到了这个结果，但是爸爸一直在旁观，就是要看你如何去处理这个问题。在你今后人生中的很多时候，你都要面对这种超出你能力范围的难题，这个时候该如何去面对、如何去解决问题，是你必须要学会的东西。在你收拾的过程中，你始终没有过来跟爸爸求助，爸爸事先也并没有告诉你不能寻求爸爸或者妈妈的帮助，只是让你自己想办法。其实很多时候，个人的力量都是很渺小的，你要学会借助身边人的力量，寻求他们的帮助，只有你具备了这样的意识和能力，你才能够在人生奋斗的道路上克服重重困难，最终实现你的梦想。

"我已经尽了最大的努力，但是还是失败了。"很多人在面对失败的时候，都会用这句话来形容自己的处境。许多人认为，自己要想办成一件事情，前提就是必须依靠自己的全部力量，却只有很少人会考虑到如何运用自己身边的那些可以运用的力量，例如，向身边的亲人朋友或者同事请教，寻求他们的帮助，这个世界并不是非要去单打独斗，如今大家都崇尚团队精神更说明了这一点。学会向别人请教，寻求别人的帮助，远比自己一个人发愁要有效得多。

日常生活和工作中，有很多事情仅仅靠自己一个人的力量是很难成功的，还需要利用好身边那些能为我们提供帮助的客观力量。譬如你的朋友、亲人、同事，等等。诚然，想要凭借自己的努力去获得成功并非是错误的想法，但是在我们遇到困难的时候，学会去寻求别人的帮助比自己一个人抱怨要明智和有效得多。当然我们说依靠客观力量的帮助，不等于是要放纵我们的依

赖性。依靠有时候会是积极的，而依赖则是消极的。尽最大可能去运用周围可以运用的力量并不等于依赖。这是我们在日常生活里应该注意的。古人说过"一个篱笆三个桩，一个好汉三个帮"，这正是在告诉大家寻求帮助以及合作的重要性。

有个小故事说的是一个小孩搬石头，石头很大，超出了小孩的力量，父亲在旁边鼓励：孩子，只要你全力以赴，一定能把这块石头搬起来！孩子使出浑身力气，最终也未能搬起石头，他告诉父亲：我真的已经拼尽全力了！父亲回答说：你根本没有拼尽全力，因为我就站在你旁边，而你却没有请求我的帮助！

这个小故事虽然简单，但是也许会让不少人恍然大悟——"全力以赴"这个词的意思其实就是想尽所有办法、用尽所有可用资源，而不是简单地用尽自己的所有力量。无论我们是在职场，还是在生活中，都应该记住这句话。很多时候，我们之所以没有成功，并不是因为我们没有努力拼搏，而是因为我们不懂得运用身边的力量。我们如果想把一件事情做好，就要学会利用一切力量来做好它。这句话虽然看起来简单，但实际上它的内涵还是很深刻的，值得我们每一个人去思考。

我们知道，人是互有长短的，很多时候，你解决不了的问题，对你的朋友或是同事而言就是轻而易举的，记住，身边所有的人都可以看作是你的力量和资源。面对困难，我们抱着顽强的态度与执着的精神固然不错。但一定要记住，一个人的力量毕竟是有限的，有时，借用你周围人的力量，可能会使你更快更好地完成，寻求别人的帮助，也可以用一个武术术语来形容，那就是

"借力"。

所谓借力，就是学会"借用"自身拥有以外的各种资源，以帮助自己实现那些仅依靠自身力量无法实现或很难实现的目标。因为在大多数时候，我们的梦想往往都远远超出我们现有的能力，因此我们需要开阔思路，我们需要利用更多的资源，我们需要去融会各种思想，汇集所有身边那些源源不断的资源。在这些我们需要的资源中，有些是我们拥有的，但也有很多是我们没有的。那些我们所没有的资源，就要学会去"借"，去求助于别人。从这个角度来说，我们可以把自己以及身边的资源分为两种，一种是专有属性，指资源的所有权；另一种是他属性，指的是资源的使用权，既可以被资源的所有者使用，也可以被其他人使用。那些我们缺乏的资源可以看作是我们缺乏资源的所有权，但是我们可以巧妙地用好资源的使用权，这就是巧妙的"借力打力"法，可以帮助我们实现更远大的目标和梦想。

拓展开来，其实这个道理在我们身边无处不在，任何人都离不开别人的帮助，无论是日常生活还是职场，没有谁是独自存在的。所以我们也必须像别人给予我们的那样给别人提供自己力所能及的帮助。人必须互助而且必须是自觉地互助，必须以尊敬、感谢以及关切来回报，这其实也是如今所提倡的团队精神的精华所在。

不可否认，我们每个人的时间和精力都是有限的，因此我们要学会平衡、学会借力，学会利用身边所有可以利用的力量来做事，而不是处处单打独斗。团队精神其实就是一种互帮互助的精神，这样才可以实现一加一大于二的效果，让大家的力量得到更

好的发挥。学会寻求帮助，其实是让我们学会有序地相互合作。在工作和生活中，我们可以去借师长的经验、借专家的知识、借公司的指导、借伙伴的需求，等等，通过这样的借力让我们能够利用的资源达到最大化，从而更快地实现我们的梦想。

教子小贴士

1. 让儿子明白：个人的力量永远是微不足道的，要学会寻求帮助，要懂得团队精神。

聪明的人凡事不只靠自己的力量，学会适时地寻求帮助，是一种谦卑，更是一种智慧。步入社会之后，最重要的一点就是要融入团队，不管是亲人朋友，还是同事伙伴，都是身边的团队，都可以在你需要的时候为你提供帮助，要学会去运用。

2. 在教会儿子借助他人帮助的同时，要告诉儿子人际交往的重要性。

人生的成功离不开他人的力量。人与人之间的交往与互助是成就事业与幸福人生不可缺少的基础。成功者都善于借力、借势去营造成功的氛围，从而解决了一件件难事，为他们的成功铺平了道路。

第六章
你是男孩子，不要在困难面前哭鼻子

随着人生阅历和社会经验的丰富，你的朋友会越来越多，你的社交圈子会越来越广，爸爸想告诉你：与人交往也是一种能力，甚至是一门艺术。如何与身边的人相处不是一件小事，而是关系到你人生进程的一件大事。

 42.

坦荡做人、坦诚待人，会让你拥有更多朋友

你已经是个小男子汉了，在学校，你已经有了属于自己的社交圈子，有你的同学、死党、好朋友，看得出来你跟他们相处得很愉快，不过偶尔也会闹别扭发脾气，这都是你成长的必经之路。爸爸也很乐于看到你拓展自己的社交圈子，拥有越来越多的朋友。爸爸想告诉你，在这个世界上，坦率开朗和善于交往能赢得更多的支持和帮助，也能组织起更多的资源，从事个人难以完成的复杂工作。在你今后的人生道路上，爸爸当然希望你身边能有更多的朋友，所以你一定要做到坦荡做人、坦诚待人，做一个坦率的男子汉。

"坦率"这个词的意义包括真诚、坦白、公正、和善，等等。每个人，无论地位高低、生活贫富、生命长短，都希望自己的一生平安快乐。而快乐的源泉则来自于坦诚的心胸。胸怀坦荡的人有胆气、有毅力，遇挫折不气馁，遇困难不惧怕，不随波逐流，不向邪恶低头，始终保持自己的气节。在生活中，我们要尽可能地做到真诚与坦率，保持心中一方净土，尽可能地拭去心镜上的

尘埃，以照见世间万象，而使自身少受欲念牵绊，去理解、去感悟生命的意义。再坦诚一些、再真诚一些、再低调一些，就会使彼此再少一些隔膜。人与人相处，就会变得更加和谐。

人与人之间需要坦率，而坦率的基石是真诚。在你的学习、工作和社交中，饱含真诚的坦率，会让你的交往伙伴更善于应对压力，相互间更加理解和信任，从而更容易取得优异的业绩。有言道："投之以桃，报之以李。"坦率是相互的，如果你对待他人诚恳、直率，他人定会真诚而坦率地对待你。如果你以心换心地向他人袒露你的内心思想和情感，他人定会毫不保留地敞开心扉，来与你真心诚意地交流与沟通。这样一来，那种不必要的谨慎将彻底消除，相互关系就会更加亲近融洽，从而真正达到跨越时空的零距离沟通。

坦率具有强大的亲和力，它让你的长辈、同学、老师和其他人情不自禁地产生与你真诚交往的强烈愿望。一旦他们认为你够坦率直爽，他们就会无条件地接纳你，无微不至地关怀你，把你当作他们的知心朋友，那么你的学业或事业将会更加容易成功，你的人生将会更加灿烂辉煌。所以，做一个坦率的人，不仅是最明智的，还是最受欢迎的。无论身处哪一个社会角色，坦率的人都是最受人尊敬和欢迎的。因为坦率会让大家改进学习和工作，会让大家共同成长。

日本有一个著名的推销员原一平说过："做人做生意都一样，要诀是坦率。坦率就像树木的根，如果没有根，那么树木也就没有生命了。"原一平自身的成功也证明了这一点。他年轻时曾在

一家机器公司当推销员。有一次，他在半个月内就和30位顾客做成了交易。不久，他却发现他所卖的这种机器比别家公司所生产的同样性能的机器价钱要贵。他想：如果客户知道了一定以为我在欺骗他们，会对我的信用产生怀疑。

为了妥善解决问题，原一平便带着合约书和订单逐户拜访客户，如实向客户说明情况，并请客户重新考虑选择。这种诚实的做法使每个客户都深受感动。结果，30人中没有一个解除合约，反而成了更加忠实的消费者。

坦率其实是一种直面自我的勇气，无论是在职场还是生活中，坦率都不是一件容易做到的事情。在言谈和行动上都坦率的人，他们的坦率是因为他们的内在品质就是这样。这样的品质很可贵，但更难能可贵的是，要将这种品质再提升一步，即主动袒露自己的心迹，做到真情外露、坦坦荡荡，成为一个坦率的人。这是一个人获得他人信任和自我发展机会所需要的宝贵资源。相反，如果你把自己的思想隐藏起来，却想去了解对方的一切，那是办不到的。在企业中，要做到坦率，就要做到以下几点，首先要能够坚守诺言，在同事中建立良好的信誉。良好的信誉，是我们走向成功不可缺少的前提条件。其次，我们决策任何一件事情的时候，应开阔胸襟、统筹全局，一旦决策之后，则要做到义无反顾，始终贯彻一个决定。还有就是要信赖下属。公司内部所有的工作人员，每个人都有其消息来源及市场资料。每决定任何一件大事，应该召集有关人员一起研究，汇合各人的资讯，从而集思广益，得出正确结论，尽量减少出错的机会。

坦率也有助于人与人之间更好地沟通，一个待人诚恳、主动坦露自己心迹的人，与任何人沟通起来都会如鱼得水，因为他的坦率会把对方的心由遥远的地方一下子拉近到更亲密的共同交流空间里。在你坦率的情况下，对方会更加全神贯注地倾听你的心声，诚挚地与你交流思想、互通有无。

古人所推崇的一种"当喜则喜、当怒则怒"的人生境界，其实就是一种坦率和率真，能够做到这一点的人往往都是性情豁达之人，他们也更能够发现和享受生活中的快乐。现代人生活压力大，你将来步入社会之后必然要面对更大的竞争压力，这种情况下更需要这种率真的生活态度。人与人之间相互坦率，不仅能够增加友谊、促进合作、加强沟通，还能够能让大家众志成城，聚焦共同的事业，创造共同的辉煌。

教子小贴士

1. 告诉儿子，坦率做人可以让他拥有更好的人缘。

在这个世界上，开朗和善于交往能赢得更多的支持和帮助，也能组织起更多的资源，从事个人难以完成的复杂工作，对于自己的人生道路有非常大的帮助。

2. 坦率其实也是自信的表现。

对于孩子来说，能够开朗地面对陌生人，除了表明他具有外向的气质特点外，还表明他有安全感。对环境有安全感、对人有基本的信任，是孩子能够放松地探索外界最好的出发点。

无法改变环境的时候，学着去改变自己

升入重点高中之后，你不止一次地跟爸爸抱怨班级的气氛没有从前好了，重点高中特有的竞争气氛让你紧张得喘不过气来，爸爸当然知道你的感受，但是这是你人生必须要经历的阶段。人是要成长的，在成长的过程中难免会经历许多困境和挫折，不少人在挫折和逆境中败下阵来，甚至从此意志消沉、一蹶不振。这其实都是因为不肯面对身边改变的环境、不肯改变自己导致的。而那些在困境中积极改变自己、努力去适应环境的人们，很快又会快乐起来。许多时候，我们所经历的困境和挫折不是我们的能力所能掌控和改变的，在这些时候，就需要用智慧去选择如何改变自己，这样的选择有利于我们更快地适应生活，适应这个社会。

爸爸先给你讲一个小故事吧：据说有一只鸽子在回家的路上看到一只乌鸦飞得很辛苦，就关心地问："你要飞到哪里去？"乌鸦愤愤不平地说："其实我不想离开，可是这个地方的居民都嫌我的叫声不好听，所以我想飞到别的地方去。"鸽子好心地告诉

乌鸦："如果你不改变你的声音，飞到哪里都不会受到欢迎的。"

故事虽小，却也蕴含着一定的处世哲理。现实生活中，有许多人由于不够了解自己，总是在遭遇挫折的时候抱怨这个，抱怨那个，抱怨环境艰难，殊不知这样的抱怨在别人眼中也许就变成了眼高手低的牢骚。爸爸在工作中就见过这样的人，他们耗费大量的时间和精力希望能找一份其实自己心中都不明确的理想工作。最后由于种种现实问题，对自己的工作并不满意，于是就三心二意，整天到处找原因为自己开脱，比如，从出身开始埋怨，怪父母无能、怪亲戚无力、怪朋友无义、怪公司无情、怪社会残酷。然而他们却从不进行自身的检讨或提高。而这种对大环境的抱怨其实根本无法改变什么，还会让自己白白丧失很多机会和时间成本。

凭借自己的努力改变自己所处的环境，想必是不少人都曾经有过的梦想。你一定见过这样的情形：日常生活中，我们常常会抱怨周围的卫生环境太差了，但是许多人前边刚抱怨完，后边就又把手里的废纸随手一丢，还会给自己找一个冠冕堂皇的安慰理由：反正已经脏成这样了，也不多一张废纸。其实，正是因为大多数人都抱着同样的想法，才造成了环境不卫生的现状，如果我们每个人都从改变自己做起，卫生环境问题就是一个很小的问题了。很多时候，面对一个大环境，作为其中的个体，我们也许并没有能力去改变它，但是我们完全可以改变自己，从自身做起。

张丽大学毕业时，由于种种原因，最终她找到的单位并不是她理想中的那种，是一个小镇上的小学校，不仅条件差，薪水也

远远低于她的心理预期。其实，张丽原本在学校表现很优秀，曾经在文学期刊上发表过许多作品。现在由于工作的不如意，她在工作上表现平平，连原本热爱的写作也荒废了，整个人似乎都丧失了斗志。

有一天，学校开运动会，连附近的村民也都来看热闹，学校小小的操场被围得水泄不通。张丽来晚了，站在人群后面，怎么努力也看不到里面热闹的情景。这时，跑来一个小男孩，因为个头矮，更是看不到了，看着他急得团团转，张丽忍不住想笑。可是过了一会儿，这个小男孩开始一趟趟地从远处搬来砖头，然后小心地垒起来，一层又一层，足足垒了半米多高，之后小男孩小心地爬上去，喜滋滋地看起运动会来。

张丽一下子似乎想到了什么，自己跟小男孩的处境一样，却没有像小男孩那样积极去改变现状，人山人海的操场肯定是没法改变了，但这个小男孩却懂得借助一些小东西，改变自己的高度，最终如愿地看到了比赛。而自己一年来却一直在抱怨工作环境，从来都不曾想到改变自己，张丽忽然觉得很惭愧，她觉得要做些什么了。从此以后，张丽把自己的工作激情充分调动起来，业余时间结合教学经验编辑的各类教材接连出版，得到了许多令人称赞的荣誉，又过了一年之后，她被教育系统调到一所小有名气的中专类学校任职。

也许看过这个故事，许多人就会发现，原来自己也是在操场人群外盲目徘徊的那个人，生活不如意，工作不满意，却不曾像那个小男孩一样去从自身的改变做起。我们必须明白：当我们没

有能力去改变环境的时候，尤其是环境不利于我们的时候，就改变自己，这是一种智慧、一种策略。一个人要想改变世界，是一件很难的事情，而改变自己则容易得多。与其改变全世界，不如先改变自己。而且我们会发现，当我们改变了自己，我们眼中的世界自然也就跟着改变了。所以，如果你希望去改变所处的环境，那么首先必须改变的就是自己。

教子小贴士

1. 让儿子明白：我们每一个人都是平凡人。

我们每个人的能力都是有限的，我们不能改变环境，那就改变自己，就好像你不能让外面的大雨停止，不妨就带上伞出门。大多数人想改变这个世界，却不想改变自己，干吗非得跟全世界较劲呢？那样只会得不偿失，改变自己才是最明智的选择。

2. 告诉儿子，如果你无法改变环境，唯一的方法就是改变你自己。

历史和时间都会证明，无论何时，无论何地，无论有什么原因，你唯一能做的，能改变的只有你自己。如果自己都改变不了自己，那么不要想象你能改变任何人或事。所以，不要抱怨，要勇敢从自身的改变开始努力，也许最终就能够改变世界。

44.

让你赢得欢迎的不是拳头，而是微笑

今天你回到家，愤愤不平地说，今天组织大扫除时有几个同学非要跟你对着干，你怎么看他们都不顺眼，真想扁他们一顿。爸爸当然很能理解你的心情，人们都希望能够赢得别人的尊重，但是你一定要明白，即便是你真的扁了那几个不尊重你的同学一顿，也未必就能够达到你的目的，相反，还会让你们之间的矛盾加深，他们不但不会因此而尊重你，反而会更加跟你对着干，你说是不是这个道理？真正能够赢得别人尊重的不是拳头，而是微笑，也许你一时半会儿未必能够完全理解这句话，但是爸爸希望你能够记住它。将来随着你人生阅历的增加，你会越来越觉得这句话是非常正确的。

首先爸爸要告诉你，学会微笑对于每一个人而言都是非常重要的。在人际交往中，微笑是交往双方进入对方世界的入场券，它能给人亲切感，最容易使两颗陌生的心贴近。对一个人微笑，是表示欢迎的意思，也是友好的表现，它可以使人放松警惕、戒备，让人感到温暖、友谊，使两个本来不相识的人一见如故。微

笑是黏合剂，可以弥合两个人之间的裂痕。一个表情冷酷、自视清高的人，即使其内心非常真诚友好，也不容易赢得别人的喜欢。微笑不是装出来的，而是发自内心的，是内心的快乐、自信、热情的外在表现，是一种做人的态度。微笑具有传染性，微笑着面对人生、微笑着与每个人打招呼，那么别人也会同样回报以微笑。任何人都愿意与面带微笑、充满自信的人交往。因此，无论是在学校还是将来步入社会，爸爸都希望你能够学会微笑，随时保持一份好心情，既让自己感到愉快，又会受到别人的欢迎。

我们都知道，在人与人的交往中，第一印象很重要，要让别人觉得你很真诚并且尊重你，你必须给他留下真诚的第一印象。曾经有一位销售界的智者说过："做人成功的要诀是友好。它就像植物的根，如果没有根，那么植物就会干枯死亡。"在我们的日常生活中，一样是这样的道理，只要真心为别人付出，就会得到对方的尊重，这个法则是通用于我们生活的任何一个方面的。

当年的拳王阿里，因为年轻时不善于表达自己，因而不被太多观众所了解，在一定程度上影响了他的知名度。有一次，阿里参赛时膝盖受伤，观众大失所望，对他的印象更加不好了。而当时阿里并没有拖延时间，而是要求立即停止比赛。阿里微笑着对观众解释说："膝盖的伤还不至于到影响比赛的程度，但为了不影响观众看比赛的兴致，我请求停赛。"

在这之前，阿里并不是一个很有观众缘的人，但是由于他对这件事的诚恳解释，使观众开始对他产生好的印象。他为了顾全

大局而请求比赛暂停的真诚，是在替观众着想，由此也深深地感动了观众。

阿里脸上发自内心的微笑和真诚感动了观众，他用这样的真诚和微笑挽回了观众对自己的不良印象，也换来了观众对他的支持与尊重，可谓一举两得。

每个人的内心里都渴望得到他人的尊重，但只有尊重他人才能赢得他人的尊重。尊重他人是一种高尚的美德，是个人内在修养的外在表现。尊重他人是一个人修养好的表现，是一种文明的社交方式。尊重是一种修养、一种品格，任何人都不可能尽善尽美，一个真心懂得尊重别人的人，一定能赢得别人的尊重。

那么，我们应该如何去表达我们发自内心的真诚和尊重呢？我们必须要知道：微笑是营造轻松氛围的纽带。微笑让人觉得温暖，让人感到阳光！学会微笑，向朋友敞开心扉，也就拉近了和朋友的距离。人若经常板着面孔，在别人眼里只是一种孤傲幼稚的行为罢了。整天闷闷不乐，也会影响别人的情绪。颓废的心态犹如疫病，会产生群体效应。人若能经常保持微笑，别人也能对你微笑待之，自己也感到愉快，心情自然也好，从外表看来也就神采奕奕、容光焕发。若少了微笑，就少了一份起码的友善。

赢得别人的尊重和喜欢，从本质上来说是一个渐进的过程。在品行、性格、习惯等方面随时加强修养，就能逐渐形成健全的人格，也就能够赢得别人的尊重和喜欢，在社会大舞台上也就有了你施展才能的空间。微笑地面对别人是一种修养，一种品格，一种对人不卑不亢、不俯不仰的平等相待，对别人人格与价值的

充分肯定。任何人不可能尽善尽美、完美无缺，我们没有理由以高山仰止的目光去审视别人，也没有资格用不屑一顾的神情去嘲笑别人。假如别人在某些方面不如自己，我们不要用傲慢和不敬的话去伤害别人的自尊；假如自己某些方面不如别人，我们也不必以自卑或忌妒去代替应有的尊重。

用真诚的心和发自内心的微笑去对待别人，才有可能赢得对方的尊重。要从内心付出真诚的努力，就必然能够获得最终的成功。孩子，无论是在你的职业生涯，还是在你的日常生活当中，都要牢记这个法则，用一颗真诚的心去指导自己方方面面的行为。只要你能够做到微笑面对人生，就必然能够让所有人感觉到你的真心和诚意，从而让更多的人开始了解你、尊重你。

教子小贴士

1. 让儿子明白微笑的重要性，因为这可以给人留下待人热情、彬彬有礼的印象。

不管多年的朋友还是素不相识的人，见了面一定要微笑。公共场合要有文明的素养，谦恭礼让，这样能够表现出自己有修养的一面，谈吐间让人感到你的诚意、你的胸怀，还有你的学识。

2. 日常生活中培养儿子谈吐自然、幽默风趣的风格。

在人际交往之中，语言是最直接的工具，幽默风趣可以带来更多的笑声。多用赞美，少点批评，在意见相左的时候，把自己的意见表达得委婉一些，别人比较容易接受。

不要轻易去怀疑你身边的人

昨天，爸爸给你带去学校买资料的钱被你弄丢了，虽然数目不大，但是毕竟是你的过失，爸爸说了你几句，你也很郁闷，仔细回想每一个细节，想要找出来究竟是在哪个环节丢的。后来你跟我说，你怀疑班上的一个同学，你们本来很要好，但是前段时间因为大扫除的事情有些不愉快，而且你回想他昨天的行为觉得很可疑。爸爸觉得你虽然很仔细地在推敲这件事，但还是不能仅仅凭着主观的判断去怀疑那位同学，更何况你们原本是好朋友，你可能会因为之前的不愉快带入一些主观的情绪。最后爸爸建议你不要再纠结这件事了，生活中因为马虎而丢东西的事情很常见，以后吸取教训就行了，跟买资料的那点钱相比，爸爸更希望你能有个好的心态，不要轻易去怀疑朋友。

爸爸之所以不支持你的想法，是因为爸爸觉得朋友之间最大的敌人是怀疑。一个人在这个世界上不可能是一个孤立的个体，每一个人都或多或少地与周围的人发生关系，既然会发生关系，而人又是有感情的动物，所以自然而然地会对周围的人产生感

情。亲情、友情、爱情都是人世间最珍贵的感情。真正的朋友是相互信任的，要尽量去避免信任危机带来的悲剧。在与朋友交往中，诚实是相互信赖和友好交往的基础。古人说："腹心相照者，谓之知心。"知心朋友和牢固的友情是通过真诚相处而获得的。只有诚实对待对方，才能赢得对方的信赖，才会使友谊长存。

信赖是人们发自内心的一种情感，很多时候，它并不需要具体的语言和动作，但是我们相互之间却能够感受到。同样的道理，怀疑也是如此，如果你对一个人心存怀疑，那么即使你不说出来，也难免会不知不觉地流露出来。一个人的行为，不知不觉之中都会被自己的内心所左右，甚至有的时候自己都无法知道。从前有个住在海边的小男孩，他每天都要到海滩上玩耍，海滩上有许多觅食的海鸟，男孩每天都要从家中带些食物来喂它们。日子久了，海鸟们对男孩非常亲热，常常飞到男孩的手上取食。男孩坐着看海时，海鸟也会环绕在男孩的身边。

有一天，男孩的父亲路过海边，远远望见一群海鸟环绕在儿子的身边，非常亲热的样子，心中就有了主意。晚上，男孩回家后，父亲对他说，要他明天趁海鸟飞下来时，抓一只回来玩玩。男孩开始极不愿意，但经父亲再三要求，心想海鸟数目众多，抓一只也无所谓，只要自己抓回来后能好好待它，总好过天天在海滩上争食。

第二天男孩来到海边，他带来了比平时多一倍的食物，可是海鸟们只是在上空盘旋，无论男孩怎样引诱，就是不肯飞下来。一连好多天都是如此，男孩百思不得其解，他想：这群海鸟朋友

为什么会背弃我呢？

　　可见，藏在心里的想法，就连海鸟都感觉得到，更何况人呢？切记，你心中的"善"与"恶"会通过你的一个眼神、一个细微的动作、一句话……像电流一样准确无误地传给别人。而这些动作、话语等都会影响到你在别人眼中的形象，继而影响到人生的方方面面，包括生活、工作、事业等，都在不知不觉中受到了内心想法的影响。怀疑的情绪同样也是如此，很多时候，一旦你内心怀疑了某个人或者某件事情，那么你会越来越觉得事情可疑，就连一些本来觉得没什么相干的事情和细节，都会越看越觉得蹊跷。

　　爸爸曾经看过一个笑话，说是有一个人想挂一张画。他有钉子，但没有锤子，邻居有锤子，于是他决定到邻居那儿去借锤子。就在这时候他起了疑心：要是邻居不愿意把锤子借我，那怎么办？昨天他对我只是漫不经心地打招呼，也许他匆匆忙忙，也许这种匆忙是他装出来的，其实他内心对我是非常不满的。对什么事不满呢？我又没有做对不起他的事，是他自己在多心罢了。要是有人向我借工具，我立刻就借给他。而他为什么会不借呢？怎么能拒绝帮别人这么点儿忙呢？而他还自以为我依赖他，仅仅因为他有一个锤子！我受够了。于是他跑到邻居门口，按响门铃，邻居开门了，还没来得及说声"早安"，这个人就冲着邻居喊道："留着你的锤子给自己用吧，你这个恶棍！"

　　这个笑话其实就是在讲一个人内心的想法是如何影响他分析问题的方向乃至行动的。英国专门研究社会关系的卡斯利博士

说：大多数人选择朋友是以对方是否出于真诚而决定的。在怀疑的心态下，一个人常常会歪曲地理解别人善意的、正常的言行。例如别人赞扬他，他会怀疑是在挖苦、讥讽他；别人批评他，他又会怀疑是攻击他；别人忙，没时间理他，他又怀疑别人是在孤立他。狭窄的心胸使他无法容纳别人对他的评价，也就无法正确判断。存在这样心理的人缺乏自信和安全感，他特别留意外界对自己的态度，别人脱口而出的一句话很可能他要琢磨半天，想努力发现其中的"潜台词"。这种人心有疑惑，不愿公开，也少交心，整天闷闷不乐、郁郁寡欢。由于自我封闭，阻隔了外界信息的输入和人间真情的流露，便由怀疑别人发展到怀疑自己，变得自卑、怯懦、消极、被动。这样便不能轻松自然地与人交往，久而久之，不仅自己心情不好，也影响到人际关系。

教子小贴士

1. 告诉儿子，多疑是人际关系的大敌，如果没有确凿的证据，一定不要随便怀疑别人。

无端地怀疑会破坏朋友间的友谊、疏远同事间的关系、掀起家庭中的风波、无端地挑起人际间的矛盾和纠纷，也会破坏自己美好平和的心境。

2. 让儿子明白：怀疑别人的真诚，是朋友交往的大忌，这样不仅会将自己引入沟通的误区，还会伤害对方的自尊，导致友情的危机。人际交往是互相的，真诚也是双方的。

与人相处最重要的是学会将心比心

　　儿子，在你将来的人生道路上会有更多的朋友，还会有同事、上司，以及工作生活中需要去面对的形形色色的人。尽管如何去经营你的人际关系是你自己要去处理的问题，但是爸爸还是希望能够帮助你建立起正确的人际交往态度，首先要学会的就是将心比心，就是要学会替对方着想，学会站在对方的角度去看待和思考问题。这是一种宽容，更是一种境界，如果能够始终在人际交往中秉持这一原则，那么你会发现，随着人生阅历的增长，你的朋友也会越来越多。

　　在爸爸看来，人与人之间最重要的就是要用心沟通，沟通和交流其实是一个信息传递的过程，所以要想让人与人之间的关系更加密切，交流更加直接，就要想办法让彼此的交流更加接近心灵。在生活中，有些人长篇大论甚至滔滔不绝，可就是难以引起倾听者的共鸣；而有些人仅仅寥寥数语，却掷地有声、扣人心弦，能够让倾听者如沐春风、敞开心灵，这是为什么呢？

　　很简单，因为后者能了解人们的内心需要，能设身处地地站

在对方的立场为对方着想，因此他们的话总是发自肺腑，也更容易打动人心。发自内心的语言虽然是朴实无华的，但却是最感人的。生活中，我们以真诚的态度去对待身边的朋友，就会更容易获得对方的信任，俗话说将心比心，大部分人都还是善意的，能够感受到我们发自内心的友好和善良。

一位老母亲给女儿讲过一件小事：有一次，这位老母亲去商店，走在她前面的一位年轻妇女推开沉重的大门，一直等到老人进去后才松开手。当这位老母亲向年轻妇女道谢时，那位妇女连忙说："我妈妈和你年纪差不多，我只是希望她遇到这种情况时，也有人为她开门。"听了老母亲的讲述，女儿的心温暖了许久。多年后，老人的女儿也为人之母了。有一天，她患病去医院输液，小护士为她扎了两针也没有扎进血管，疼痛中，她正想抱怨几句，却抬头看到小护士额头上布满密密的汗珠，那一刻，这位年轻的母亲突然想起自己的女儿，于是赶忙安慰小护士说："不要紧，再来一次！"第三针果然成功了，小护士终于叹了口气，连声说："阿姨，对不起！感谢你让我扎了 3 针。我是实习生，这是我第一次给病人扎针，太紧张了，要不是你的鼓励，我真不敢给你扎了！"这位年轻的母亲告诉小护士，自己也有一个和她差不多大的女儿，正在医科大学读书，女儿也将面对自己的第一个患者，真希望女儿第一次扎针也能得到患者的宽容与鼓励。

这样的情形其实在生活中比比皆是，我们如果能凡事换位思考，多体谅对方一点，那么这个世界就会温暖得多。生活中，我们经常说到的一句话"理解万岁"，就是希望领导和群众、上级

和下级、老年人和青年人以及不同群体的人们互相理解，以达到增强人与人之间更加顺畅交流的目的。人生活在社会之中，总要与别人发生各种各样的联系，开展人际交往。这种交往要和谐进行，就应该具备正确的思想方法。如果说信任是人与人之间沟通和交流的纽带，那么将心比心的做人态度就是建立起这条纽带的关键所在。在与他人相处时，大家经常想到"理解"这个词，想到每个人对理解的渴求。为什么有那么多需要理解的心呢？就是说理解别人和被别人理解确实是不容易的事，而我认为将心比心则是理解的最好前提，说大一些，也是中华民族的传统美德。

将心比心是一件说起来容易做起来难的事情，难在真正将心比心，难在真正换位思考，难在真正付诸行动。如果在平凡的生活中能做到这一点，那么我们大家的家庭会幸福许多，夫妻会和睦相处，一切关系都融洽了。生活是门艺术，如果每个人都能在守好自己本位的同时多多给予他人关爱体贴，那么，生活又何尝不会迸发出绚丽的色彩？大家就会觉得生活充满了快乐和希望。

如果和朋友将心比心，大家相处的时候就不会再处处设防，不会在朋友困难时选择袖手旁观。朋友是财富，而好朋友就像金子，随着岁月的流逝会渐渐升值，朋友是可遇不可求的，所以交朋友要交心。如果我们和所有善良的人们将心比心，我们就会觉得生活不再闭塞，不再冰冷，不再无助，不再处处充满陷阱，我们的日子会充满阳光和鲜花，会多一份微笑。

人生的道路从来不是平坦宽阔的，所以在我们努力实现梦想的过程中，一定要本着将心比心的立场，相信我们的人生道路会

是一片光明。将心比心就是理解和宽容，理解与宽容是做人的一种美德，也是为人处世的一个准则。相信人心换人心，世间有真情，相信心与心的感应，更相信播种什么就收获什么。人生的道路很长，但是只要你做到将心比心，就会发现自己处处都能得到别人的帮助。

教子小贴士

1. 在生活中，我们首先要跟儿子做到将心比心，不要给他施加太多压力。

作为家长，要学会不把希望强压在孩子身上，不强迫孩子违背意愿去做事。家长要以朋友的身份和孩子沟通与谈心，根据孩子自己的兴趣爱好提供宽松环境，让他们像鸟儿一样自由飞翔，寻找属于自己的一方天空，这有利于他们形成正确的心态和人生观。

2. 让儿子懂得将心比心的道理，主动体谅、关爱、帮助他人，做到"己所不欲，勿施于人"。让他明白将心比心是与人为善的思考方式和行为方式，这样可以培养他对理解、宽容等高尚品质的认同，对冷酷、损人利己行为的否定，从而做一个与人为善的人。

47.

对于那些挑剔你的人，要学会心怀感激

"数学老师真挑剔，"你说，"明明答案都是对的，非要说解题步骤太省略，扣我 3 分。"你拿着新发下来的试卷，皱着眉头嘟囔着，爸爸知道这道题你很轻松就能做对，但是既然扣了你的分数，你首先要做的就是想想自身有没有问题，而不是第一个想到去抱怨老师。其实，在你的成长过程中，会遇到很多对你很挑剔的人，包括爸爸在内，但是等你渐渐成长起来，你会发现，生命中那些对你挑剔的人往往都是那些更关心你的人，即便是将来你在工作中遇到有些出于某种目的去挑剔你的人，但是随着时间的流逝，你会知道，这样的经历其实也在不知不觉中帮助你成长。所以，对于那些挑剔你的人，要学会心怀感激，这才是你应该有的心态。

我们每个人在生活中都会遇到一些对自己挑剔的人，这些人或许是朋友，也可能是对手。他们说出来的话总是让你有点别扭，似乎根本看不到你的优点与付出，却能轻而易举地指出你的不足，让你心生懊恼。对于这些人，你的态度会是怎样呢？愤

怒、不屑，还是反驳？请不要这样做，因为能够指出你错误的人恰恰是最应该感谢的，因为他们给你提供了一次可以改掉缺点、完善自我的宝贵机会。如果我们能做到感激挑剔自己的人，也许收益还不止如此。

将来你一定会明白，我们每一个人都应该感谢那些挑剔自己、给自己压力的人。因为正是这些压力使自己有了奋发向上、积极求变的动力。如今的社会永远充满激烈的竞争，每一个人都要学会的是如何在荆棘遍布的人生旅途中寻求到适合自己发展的道路，并以坦然、淡定的心态去面对一切的苛严及挑剔。

爸爸希望你能这样去想：那些挑剔我们的人，他们的出发点是希望我们能更好。就算你真的可以确定他们是不怀好意故意打击你，也要明白，有这样的人在你身边，也能够使你越来越好。因为，他们为了更有力地打击你，会不遗余力地寻找你的不足，而他们找到的恰恰往往是你自己忽略的，或者是朋友碍于面子不好意思提醒你的。这样想来，是不是真的对自己有帮助呢？如果发现了不足和缺点，积极地虚心接受和改正，并不断地完善自己，这将会是你一生中的宝贵财富，其价值远远超过了对方批评你时直接的说话方式，或者说伤害到你的感受或自尊。那么你与对方也会解除矛盾，化干戈为玉帛。

如果想让自己不断进步，变得更加强大和优秀，不是让自己封闭在自我感觉良好的温室里，也不是让自己一帆风顺地走过每段路程，而是让自己在挫折中、不利的局面中反省自己、认识自己、壮大自己。而别人的批评、意见，对你来说不就是让你反省

的最好途径吗？不用交学费，只是转动一下脑筋，让思维拐个弯，那么，那些不足、错误和缺点就会一览无余。

有两位很有名气的雕刻家，他们谁也不服对方，两人时常对着记者互相批评："他最近的一部作品，手部的雕塑太匠气了！"要不然就是："他的刀法过于粗糙，不知道是在表现什么！"这两人不相往来，却又密切注意彼此的一举一动。

有一次，其中一位雕塑家为了赶上一个国际大展的展出时间，在工作室中夜以继日地工作，就在工作接近尾声的时候，有一位朋友来看他，这时雕塑家正在用雕刻刀修饰雕像的肩膀。朋友似乎有话要说，但是还未开口，雕塑家忽然大叫出声："我那个死对头，一定又会在这儿鸡蛋里挑骨头的！"朋友不解地问："你既然知道他会批评这个地方，却又为什么不先修正好呢？"

雕塑家微微一笑回答："我就是故意要让他挑剔才这么雕刻的，如果他不再批评，我的创意也就没有了。"朋友这才开口说："可是，他昨天忽然心脏病发作去世了。"雕塑家手里的工具"铛"的一声掉到地上，从此，这个雕塑家再也没有独具创意的雕塑作品出现了。

其实，我们真正的敌人不是那些直接对你进行批评和攻击的人，而是那些看到你的错误和不足不但不直言不讳地指出，而且熟视无睹、不言不语的人，这才是可恶至极。但遗憾的是我们往往却把这类人当作真正的朋友，认为是所谓的"志同道合"。

如果我们觉得身边那些挑剔的人让我们抓狂，那不妨让自己换一种角度，换一种思维方式，你会意识到是他让你从迷中醒

悟，从局中放马，是他让你重新认识自我、审视自我；是他让你认真改正了自己的错误，完善了自己、强大自己，让自己变得更优秀、自我价值更高。那么你的对手不仅会无话可说，你的朋友也会对你刮目相看，你的人际关系也会更融洽，因为你更加优秀、更加强大了。所以，来感谢你的所谓的"敌人"、"对手"，感谢批评你的人，跟他们做朋友吧。

人们都喜欢赞美，喜欢听表扬的、好的话。俗话说：良药苦口利于病，忠言逆耳利于行。真正关心、为你好的人，是在你最危难的时刻、最需要帮助的时刻伸出援助之手的人；在你最忘乎所以的时刻、在你最春风得意的时刻给你提出批评和警告的人。所谓生命与共、患难之交，就是这样。

教子小贴士

1. 让儿子明白，那些批评和指出我们缺点和不足的人，是他们让我们学会坚强、学会不断修正自己、不断完善和充实自己。一个人永远无法看清楚自己的缺点，古人云："以人为镜，可以知得失"，正是这个道理。

2. 端正儿子的心态，那些对我们苛求又挑剔的人，无论是敌人还是朋友，都不要记恨，因为正是这些人让我们看到自己的不足。一个人只有听了批评和否定才会去审视自己，重新看待自己、评估自己，才能让自我更加完善。所以即便是有些人故意挑剔我们，也不要因此而怨恨他们，让自己变得更强大，才是对他们最有力的回应。

48.

你是男孩子，不要在困难面前哭鼻子

儿子，从你小的时候开始，爸爸就非常注重培养你坚强的性格，因为你是个男孩子，无论是在社会还是在生活中，总要主动去承担更多的责任、挑战更多的难题，如果随便遇到一点困难就打退堂鼓，那么是永远做不成大事的。不管是你小时候自己跌倒，还是跟小伙伴有矛盾打起来，爸爸跟你说得最多的就是"不许哭"，因为哭不但是种情绪的发泄，也是一种向失败示弱的姿态，无助于提升自己的勇气。如果你想成为一个真正的男子汉，那么无论处境再艰难、心里再难过，也要咬牙坚持住，要迎着困难向前走，永远不要向困难示弱。

由于性格特点以及体内激素的影响，男孩子天生喜欢刺激和冒险，因此也更加容易受伤。从某种程度上来说，男孩的童年其实就是一个不断受伤、不断坚强，而又不断成长的过程。曾经有人这样说过："伤痕是男子汉的勋章。"虽然我们并不希望看到男孩浑身挂满伤痕，但是如果父母一看到孩子受伤就心疼得不得了，从而把自己的孩子关在家里，让他安安稳稳地成长，这样的

男孩永远也学不会坚强。

据说老鹰筑巢时，总是会先往巢里衔进一些荆棘，然后再在荆棘上铺上稻草。在小鹰们长到一个月后，老鹰就会把窝里柔软的稻草衔出去，让荆棘露出来。荆棘把小鹰们慢慢逼退到窝边，这时老鹰就会将小鹰一个一个推出窝外，向外摔出的小鹰只有努力地扑打翅膀，慢慢向下降落，才能安全着地。这时候老鹰就把小鹰一部分无用的羽毛拔掉，然后再把小鹰一个个衔到窝里，再次将它们推下去。

这时候刚好有个路人经过，他见老鹰如此残忍地对待小鹰，便偷偷把一只降落在地上的小鹰带回家喂养。这只被人养大的小鹰，翅膀又大又重，永远失去了翱翔蓝天的能力。鹰妈妈爱自己孩子的方式其实并不像表面上看到的那样残忍，它不怕让孩子受伤，不溺爱孩子，而是努力锻炼孩子坚强的性格，相反，被人带回家的那只鹰，因为生活在舒适的环境中，最终连最基本的飞行能力都失去了。

我们的日常生活中也有很多类似的例子，一些父母幻想不让孩子受伤，于是把孩子养在"温室"里，不让他们经受生活的磨炼。殊不知，这样的方式不是在爱孩子，而是在害孩子。溺爱下长大的孩子永远学不会坚强，没有受过伤的孩子永远也不知道疼痛的滋味。让孩子受伤不是为了让他受苦，而是让他从疼痛中得到教训从而不再受伤。经受过伤口痛楚的人以后再受伤时会懂得坚强，否则，永远也无法面对风雨。对于男孩来说，他未来担负的责任是重大的，如果遇到一点困难就想哭鼻子、抹眼泪打退

堂鼓，那他靠什么去迎接激烈的竞争？又怎能担负重大的责任？

无论何时何地，当你面对困境忍不住要流泪的时候，爸爸希望你记住：哭泣永远无法帮你克服困境，困境并不是我们的敌人，而是我们的朋友，甚至是人生道路上的导师。困境不仅可以锻炼我们克服困境的种种能力，而且会让我们的内心变得更强大。正如森林中的大树，不经历一次又一次的狂风暴雨，就不会拥有结实挺拔的树干。一个人不遭遇种种困境，他的人格、意志也不会变得坚韧。如果我们身处困境，一定要告诉自己：一切的磨难、忧苦与悲哀都是助长我们、锻炼我们的原动力。我们要学会勇敢地面对困境，在困境中找寻自己成长的机遇，而不是哭鼻子、抹眼泪，悲叹命运的坎坷。

教子小贴士

1. 告诉儿子，男子汉流血不流泪，遇到事情一定要坚强。

一定要多告诉儿子，不管是遇到困难，还是受了委屈，一定不要憋在心里，要让他说出自己的想法，因为很多情绪终究需要排解，说出来可以一定程度上代替哭泣的作用，对于释放他心里的压力是非常有好处的。

2. 让儿子明白，男子汉要勇于承担责任，哭并不是承担责任的表现。

因为要承担更多责任和压力，所以男孩子更要锻炼自己坚强的性格，要从小培养他遇到问题第一时间思考如何去解决，而不是用哭泣发泄自己的情绪。

与人交往一定要记住一句话：吃亏是福

作为一个父亲，看到孩子日渐成长是最大的欣慰和喜悦，但是爸爸也很清楚，成长的代价就是：你独自出去闯荡的日子越来越近了，从充满关怀的家庭到竞争激烈、充满人情冷暖的社会，你要经历太多的东西才能够渐渐成熟起来，有很多道理是你在家庭生活中所不能明白的，比如吃亏这件事。也许你还并不能理解"吃亏是福"这句话，但是爸爸希望你能够记住它，因为人与人的交往充满了利益和得失的均衡，你要想很好地去处理协调它们之间的关系，就要正确看待得失，很多时候，表面上看起来是吃亏了、失去了，但是只要你用正确的态度去面对，渐渐地就会发现，原来吃亏这件事并不一定都是坏事。

"吃亏是福"这句话是从郑板桥口中流传下来的一条至理名言，这句话经过长时间的洗涤和锤炼，一直到了现在这个时代，依然受到很多智者的推崇，成为不少人安身立命的处世之道，更有人把这句话运用到社会交往中，甚至是企业文化之中，所以，不能不说"吃亏是福"是个超越时代的智慧。那么，我们是否能

拥有这份智慧呢？

我们每个人的身边貌似都有一些生怕自己吃亏的人。斤斤计较是这些人的大爱，他们不会放过任何一个互相较劲的机会，即使是蝇头小利，也要争执一番。若是觉得自己吃了亏，必然不会善罢甘休，肯定要与旁人争得面红耳赤、吵闹不休。他们若占了点别人的便宜，心里就会像吃了蜜一样格外舒服，仿佛是有了巨大的收获。

其实，做人是不能怕吃亏的，更不能做那些损人利己的事情。做人可贵之处，就是要能吃亏、敢吃亏，这话听起来貌似不合逻辑，但是如果我们能仔细想一想，就会发现事实就是如此，自己主动吃点亏，往往能把棘手的事情做好，能把很难处理的问题解决得妥妥当当。

那些热衷于吃亏的人，能让人们觉得他们有肚量而加以敬重。这样，爱吃亏的人的人际关系自然就比别人好。当他们遇到困难时，别人也乐于向他们伸出援救之手；当他们干事业时，别人也肯对他们给予支持、给予帮助，他们的事业自然就容易获得成功。那些愿意吃亏而不计较的人，大都是心胸宽广者，有人说："一个人心胸有多大，他做成的事业就有多大。"这句话确实很有道理，只要我们留心一下历史和身边的人就不难发现，凡是那些取得了巨大成就者，尤其是那些有杰出成就的人，无一不是胸怀广、能吃亏而不计较的人。相反，再看看我们身边那些一生无所作为、无所建树的人，他们往往心胸狭窄、爱计较，因而大部分的日子都生活在痛苦之中。

　　爸爸之前曾经看过这样一个小故事：曾经在美国南方有一个小镇，镇长的家旁边是一条普通的小路，由于连日的雨雪交加，小路泥泞不堪，原本行走小路的人便改道从镇长家的花园里穿过，弄得花园里一片脏乱。镇长家的仆人觉得自己的花园被踩成这样，吃了大亏，便冒雨看护自己的花园，让行人仍从花园外的泥泞小路通过，结果不但十分辛苦，而且招致很多路人的反感。镇长得知之后，不声不响地挑来石头和炉渣，不辞辛苦地把那条泥泞的小路铺好，于是行人便不再穿过花园，而走那条铺好的小路。过后，镇长对仆人说："有些时候，吃点小亏不但能够帮助别人，也能够帮助自己。"

　　儿子，这个故事其实讲的是要懂得互惠原则的智慧。有些时候选择吃亏其实是在选择互惠。因为当你奉献自己的爱心或能力时，他们接受到了你的帮助，会从心底里真心感谢你的真情，不掺有任何虚伪，所以当你身在其中时，你也会从心中真真切切地感受到这份感动、这份真情，看见别人快乐，自己也能从心里感受到，所以说帮助别人就是帮助自己。在我们的人生道路上，肯定会遇到许许多多的困难。但我们是不是都知道，在前进的道路上，搬开别人脚下的绊脚石，有时恰恰是为自己铺路？这就是人生中"吃亏"的智慧。

　　如今，关于"吃亏"和"互惠"的智慧，已经被运用到了人生的各个方面。吃亏就代表放弃一部分自己的利益，一个人不能只想着自己的利益而忽略别人的利益，有时候，有些东西越想得到反而越得不到。我们每个人都有自己的梦想，是梦想使得我们

每个人都有自己不同的生命轨迹。为了实现梦想，我们会为了自己的利益去努力奋斗。一个人只有为别人着想，时刻想着别人，才能得到别人的回报。一个懂得吃亏的奋斗者其实是最成功的，他必将得到很多。因为他把自己实现梦想的过程变成了一种奉献的过程。利他才能利己，吃亏才是福气，能够拥有这份智慧，才是我们真正的福气所在。

教子小贴士

1. 要从小教育儿子不要斤斤计较。

从小就要教育儿子尽量去宽容，用宽容这种品质来冲淡遇事计较的心理。而且宽容的品质有助于孩子的社交，可以让他们拥有更多朋友。

2. 家长也要给孩子做好榜样，在个人得失问题上要看得远、放得开。

如今的孩子大多是家里的独苗苗，家长要尽量避免孩子说什么大人都得听的情形，要让孩子接受"并非一切都要得到"，不要让孩子计较个人得失，我们每个家长就得给孩子做榜样，只有自己做到了，才能培养出这样的孩子。

第七章
你要记住：这个世界上
只有自己可以成就自己

随着你的不断成长，很多时候爸爸再也无法帮你，只能作为你的坚强后盾，在你身后默默地看着你、鼓励你。没有人可以替你去努力，也没有人可以替你去吃苦，同样，你的收获也不会被任何人夺走。你终会明白：能够成就你的，只有你自己。

对于未来，只要你想清楚了就可以自己做主

　　儿子，今天发生了一件事情，让爸爸吃惊而且难过，以前单位一个同事的儿子，高考成绩下来之后，离家出走了。这位同事一直都是个很要强的人，工作中就表现出了强烈的控制欲，可能在家庭中也倾向于按照自己的意志去支配儿子的生活。他说他要求儿子复读，一定要考一个差不多的本科，但是儿子想要今年就去读自己喜爱的美术专科学校。他觉得那所学校没什么名气，坚决不同意，结果儿子现在一声不吭地走了。爸爸替他担心着急之余，也想到了自己，这件事如果换成是我，是绝对不会这样处理的，爸爸会尊重你的想法，对于一个人来说，"有想法"绝对是件好事，你的未来属于你自己，爸爸可以替你建议，但是不会替你作决定，只要你想清楚了，未来的路怎么走，由你自己来做主。

　　在大多数家长的心里，"望子成龙，望女成凤"可以说是共同的心愿。在现实生活中，我们经常能听到家长们这样说："现在我什么都不指望，就盼着我儿子考上大学了。""我闺女业余特

长太少，我心里急啊。""我儿子英语学不好，这可怎么办啊"……如今的社会，随着独生子女的增多和家长对孩子的期望越来越高，如何培养下一代成为一个家庭最重要的研究课题之一，因此，很多家长在孩子一出生就为他设计好了未来的成长蓝图，就等着孩子一步步去按部就班地实现。在这个过程中，孩子每实现一个目标时，父母往往比孩子更高兴。但是，很多家长似乎都忘记了一件事，那就是对于自己给孩子设计好的未来，孩子喜欢吗？他能接受吗？他会不会有自己想做的事情呢？估计真正会考虑这个问题的家长并不多。

楼下邻居家那个三年级的小于，他的人生，父母早就替他规划好了，就连他以后去哪个国家留学，他爸爸都替他想好了。但是爸爸发现，每个周末他爸爸送他去上特长班的时候，他都是哭着走的，他总是不愿意去学钢琴，甚至有一次从家里出去了却没有去学校，他的爸爸气得不得了，跟爸爸说起来总是叹气，说儿子不争气、不听话。有一次小于在咱们家玩，还说起自己不是不喜欢学钢琴，只是他太累了，所以他在周末的最后一天想逃出去玩一下。他还告诉我，从 4 岁开始他就学钢琴，现在再加上作文和奥数，每个周末从周五下午开始就是满满的，没有一刻是可玩的。我又问他学的这些东西是不是都喜欢，"其实，我一点都不喜欢钢琴还有英语，但是爸爸说一定要学好它们，不然不能去留学"，听了他的话，爸爸也想了很多，很多家长自以为是地替孩子报特长班、兴趣班，而孩子却并不喜欢，是父母逼他们去的。有的孩子根本不想学，即使去了，也没有在听、在学。面对这样

一个结果，我不禁在想，父母替孩子安排人生，本来是出于关心，但是最终的结果会不会像父母所盼望的那样真的会有所收获呢？孩子是不是快乐呢？

那么，造成这种情况的原因到底是什么呢？首先，可以说是父母的观念问题。在大多数中国父母的心中，都认为孩子的身体和心理都不成熟，年纪小，不知道分辨好坏，不知道什么对自己好、什么对自己不好，所以父母应该为孩子安排好未来，这样孩子才不会走错路。其次，也会有不少父母把自己未实现的理想寄托在自己的孩子身上，比如有的家长，小时候很喜欢音乐，但是由于种种原因没能实现，于是把希望寄托在孩子身上，送孩子去学钢琴，类似的例子很多。还有一点就是来自社会的压力。现在社会竞争越来越激烈，父母都希望自己的孩子在未来能更有竞争力，立于不败之地，从小就替孩子规划好，早做准备，让孩子多学些东西，或是上名牌学校，或是出国深造。

"生命的价值在于选择。"但现在有不少父母都已经忘了这一点，他们不让孩子去作选择，总是忍不住要替孩子作选择。于是，孩子只能按照父母的决定去做。那么，这些决定越正确，其窒息感就可能越强。一方面，孩子获得的资源越来越多，能力也越来越强，但另一方面，他们的生命激情却会越来越低。他们感受到这一点，于是想对父母说不，但他们又一直被教育听话，所以连"不"也不能说了，只好用被动的方式去叛逆。孩子成长到一定阶段，有了自主意识，就不再愿意什么事情都听父母的，有了自己作决定的需求。如果孩子的这种需求长期不被满足，自主

意识就会被抑制，自信心会受打击，影响孩子对自己的评价，很可能导致孩子产生消极的自我评价，而这一点可能会深植于他的内心。长大以后，孩子可能会缺乏判断和选择的能力，缺乏责任感，凡事依赖，缺乏主见。到那时父母再想训练他们独立自主的能力就很难了。

有研究也表明，那些总是由父母作决定的孩子，长大后常常缺乏判断和选择的能力，而且缺乏责任感，甚至不知道如何对自己负责。因此建议父母给孩子一点作决定的机会，让孩子学会如何作决定。一个经常为自己的人生作决定的孩子，他的生命力是旺盛的，尽管因为年轻，他会遇到一些挫折，但那些挫折最终和成就一起，让他感觉到自己的生命是丰富多彩的，"更重要的是，这是自己的"。爸爸妈妈们，如果想让你们的孩子独立，就请放开你们的手吧！找一些事情让孩子自己作决定，试过几次你们便会发现，"你可以自己做主"这句话具有神奇的力量，只要你们真正做到了，那么你们的孩子收获的将不仅仅是自由。

教子小贴士

1. 做爸爸的要学会尊重儿子的决定。

男孩子到了初中阶段、高中阶段，他们已有很强的思维能力和分辨能力，他们最清楚自己该做什么、擅长什么。当孩子面临决定未来的选择时，父母应多听听孩子的想法，孩子的未来最好让孩子决定。

2. 要跟儿子多沟通，多去鼓励和疏导他。

有些时候，当一个孩子不能按父母设定的目标走下去的时候，他的内心非常矛盾，这时我们要多开导孩子，帮助他选择另一条适合他自己的道路。鼓励孩子，让他明白成才的道路不止一条。

3. 善于发现儿子与众不同的地方。

在生活中，有些孩子天生就是"偏才"，他们在某一方面有超越常人的才能。如果家长非要强迫自己的孩子成为全才，那孩子的那些特殊才能就会在无声无息中被扼杀，最后沦为庸才。所以，我们应该在沟通中善于发现孩子独特的才能，帮助其扬长避短。

对于这个社会你还太幼稚，
太多的东西需要你去历练

最近一段时间，总是在新闻上看到一些伤害青少年的事情。比如拐卖儿童、诈骗儿童，等等，也可能是爸爸想得太多了，总是觉得应该及早教会你认识这个世界上存在的危险和丑恶，让你

学会提防，学会保护自己。毕竟，你虽然已经有了接近成人的个头和体格，但是你的心智和思维模式还是一个孩子，复杂的社会并不是你轻易就能应付的。你很快就要接触这个社会，甚至在学校也会经常参加一些接触社会、了解社会的活动，但这还不够，你必须要真正认识到面对社会时所要考虑的那些问题，才能真正在心中产生自我保护的意识，从而把你步入社会之后受伤害的可能性降到最低。

爸爸前不久看过一个案例介绍，说是有个学生去逛超市，临出门的时候，突然看到一个女人匆匆忙忙地跑来对他说："我突然肚子不舒服要去卫生间，我丈夫在门口一辆黑色的车上等我，能不能麻烦你去帮我给他说一声让他来找我，进来买东西时手机忘带了。"一边说一边把手袋递给他："这也麻烦你交给他。"这个学生看到她着急的样子，就答应了，赶紧拿着手袋出门去找她的丈夫。谁知道临出门就被超市的保安拦住了，原来那个手袋里放着几件没有结账的贵重物品，超市的保安一口咬定他是小偷，而且因为人赃俱获，他怎么辩解也没人肯相信，他带着保安到卫生间找那个女人，没有踪影；出超市门口找那个女人所说的黑色车子和她的丈夫，也是毫无踪影。这时候，这个学生才意识到自己陷入了一个圈套，他百口莫辩，最后被带到派出所，派出所调看了商场的监控，看到了那个女人的所作所为，才终于还了他清白。

还有一次是在火车上，有个人独自出差，在车厢里跟另外一个乘客聊得投机，刚好也是到同一个城市，于是一起下车出站，

还没出站的时候，那个乘客跟这个人说行礼太重，让帮一把手，替他拿一个小行李，这个人没多想就答应了。没想到在出站口被警察拦住，说要检查行李，结果就从这件小行李中查出了违禁的物品。这个人大吃一惊，赶忙让那个乘客解释，谁知道那个乘客居然矢口否认，说从未让他帮拿行李，这个小行李本来就是他的，跟自己没有任何关系。这个人百口莫辩，不知道该怎么办才好。这时警察才开口，说放心吧，我们也不是没来由地查你们的行李，我们盯了这个乘客很久了，不会冤枉你的。以后你要提高警惕性，看看这次，差一点就被那个人利用了。

儿子，爸爸跟你讲这些事情，是为了让你多少了解一些这个社会有多复杂，这些都是现在的你所不曾接触过的。当然，你用你的善意对待这个世界是件好事，但是有些东西也必须要明白，比如从友善的人那里，我们可以获得帮助，但不是所有的人都友善；在唯利是图的商贩那里，我们也许会蒙受损失，但观察和计算能帮我们免灾；警察叔叔大多能为我们指路，但也会有些穿警服的人答不上我们的问题；商场、超市是购物的天堂，但不看好书包，也许就会被小偷偷去了钱袋；大多数司机都会留意人行道上的行人，但也有新手会走神，所以过马路除了看灯，还要看路上的车……

这些来自于生活的人生阅历和经验，我们不必刻意去屏蔽。和人交往越多，孩子所积累的关于人性的经验越多，应付各种局面的能力也会越强。由于孩子的经验毕竟比成人少，父母可以根据具体情境，从旁及时点拨、提醒，帮助孩子逐渐认识真实的社

会。有些家长从小就只对孩子进行真善美的真空教育，使孩子的思想过于单纯美好。但随着他们与社会的接触，渐渐认识到生活的现实之后，就会对现实社会表现出不满和恐惧甚至无所适从。因此家长也要让孩子认识到生活中假恶丑的一面，帮助孩子全面客观地看待事物、明辨是非，培养孩子面对邪恶时的应变能力和自我保护能力。教会孩子掌握识别与对待伪善、不公的有效方法，避免受到打击和伤害。

当然，很多防范知识也需要学校去加强安全教育和心理素质教育。有些学校偏重于关注教学发展，对学生的安全防范教育有所欠缺。例如，性侵害防范在许多学校都是教育空白，很多学生在毫无心理准备的情况下受到伤害时不知所措，受到伤害后也不知道如何处理。学校应通过多组织讲座、主题班会、知识竞赛、出宣传栏等对学生进行深入人心、切合学校实际的教育，系统传授应急自救方面的知识。在平时的教学过程中，也要培养学生勇敢机警、临危不惧的心理素质。

正所谓害人之心不可有，防人之心不可无，出门在外时，你尤其应该慎重。记得有一次爸爸有重要的事情需要让一个搭飞机的朋友捎一个文件袋到他要去的城市，那位朋友对我说："咱们是老朋友了，但是为了慎重，我必须打开检查一下。"这其实就是我们应该有的态度，交情归交情，防范归防范。很多时候，危险并不仅仅来自于陌生人。因此，爸爸希望你能够更完整、客观地认识人性，认识这个社会。

1. 帮助儿子正确认识社会上负面阴暗的事物。

应该有意去抓住生活中的机会对儿子进行防范知识的教育。或者以游戏的方式，让孩子进行角色扮演，使其在生动形象的游戏中学会一些应对突发状况的方法，训练他们的生活技能。

2. 千万不要因噎废食而减少孩子的社会活动，而应该让儿子多去接触社会。

孩子通过与社会的接触，积累了如何辨别不同层次、不同职业人员的特征和工作方式等社会经验。社会的环境和教化是日常说教所不能替代的，应该多给孩子一些锻炼的机会，利用在社会上的经历让孩子认识社会，适应社会的变化。

52.

勇敢一点，
再糟糕的局面也没什么大不了的

今天家里来客人，天气热，爸爸让你下楼去小区门口买个西瓜回来，你拿着钱兴冲冲地去了，没想到没一会儿便垂头丧气地空着手回来了。爸爸问你咋回事，你吞吞吐吐说了好一会儿爸爸

才搞明白。原来你很快就买完西瓜回来了，上楼的时候电梯满了，你着急就爬楼梯上来了，走到3楼绊了一下，西瓜飞了，四分五裂，你觉得很糗，怕有人看到，就赶紧慌张着把碎了的西瓜捡起来扔进垃圾桶，准备下楼去重新买一个，结果收拾完西瓜才发现，手里拿着买西瓜找的钱不翼而飞了，也不知道是路上掉了，还是扔西瓜的时候一起扔进垃圾桶了……爸爸还有客人听得忍俊不禁、乐不可支，你耷拉着脑袋，可能是觉得这么小一件事情都被你搞砸了，很不好意思。这没什么大不了的儿子，这种小事情完全不必放在心上的，将来你还要面对更多更复杂的局面，太多困难甚至糟糕的局面在等着你，无论什么时候你都要记住：再糟糕的局面也没什么大不了，收拾好情绪，冷静去处理就是了。

儿子，很多时候你要明白，世间万物是在不停变化的，可能有时候你遇到事情时处理得很顺利，但是也有些时候你会走入死胡同，局面越来越糟糕，看起来已经是山穷水尽的地步了。但即使是这个时候你也不要过于紧张，更不要放弃，因为既然万物在不停变化，那么只要我们去面对、去等待，就一定会有转机。古希腊哲学家赫拉克利特曾经月一句名言来描述我们所处的这个世界："人不能两次踏入同一条河流。"对于这句话，他是这样解释的：你不可能两次踏进同一条河流中去。因为当你第二次踏进这条河流时，它已经不是你第一次走进时的那条河流，原来的那条河流早就变化了。赫拉克利特以此来说明，世界上没有静止和不动的东西，一切都在永恒不断地变化着。任何事物都既存在着，

又不存在。因为它存在的时候同时又在变化着，变成了别的东西，也就是原来的东西不存在了。如此之说，受到列宁的好评，他认为："这是对辩证唯物主义原则的绝妙说明。"

这个世界上的一切事物都是时时变化、发展的，是不以人们意志为转移的。正所谓："天不言而四时行，地不语而百物生。"作为人来讲，就要及时发现这些变化，认识到这些变化，不断地调整自己，适应这个世界。在我们的生活和奋斗过程当中，无论是我们自己，还是外部的环境和机遇，同样也都是不停变化着的。所以我们无论是遭遇挫折还是有所成就，都不要忘记提醒自己：这个世界瞬息万变，一定要保持自己清醒的头脑，才能把眼前的东西看得更加清楚透彻。

一位老禅师有一次和一个弟子出游，恰好那天特别热，两人走了一段路之后，就上气不接下气，嗓子眼里像冒烟似的难受。老禅师吩咐他的弟子说："我们刚才不是刚刚渡过一条小河吗？那儿的水清澈甘甜，你去弄些来解渴吧。"

弟子就捧着老禅师的金钵去了。过了一会儿，弟子空着手回来了，禀告老禅师说："小河那边有一拨贩卖布匹的西城商人，他们的马在那儿撒欢追逐，把整条小河的水都弄脏了。不如我们再走两个时辰的路，到前面的另外一条小溪去吧。"

老禅师皱了皱眉头，回答道："牛羊不吃身边的草，却要翻山越岭吃山对面的沙子，世界上有这样的事吗？我们现在渴得不行，为什么还要走两个时辰的路去找水喝呢？你还是再回去一趟，取些水来解渴吧。"

弟子撅着嘴，心里虽然一万个不情愿，但还是按照老禅师的吩咐回到那条小河边。但让他大吃一惊的是：才这么一会儿的工夫，原来的那拨人马都不见了，整条小河又恢复了第一次见到时的清澈和平静，好像什么事情都没发生过一样。

　　没有永远混浊的河水，与其舍近求远地乱碰运气，不如等待一时，世间万物永远都在不停地发展变化，机会总会来临。这就是老禅师的智慧。

　　老禅师的这种智慧其实是一种面对一切境遇都保持淡定的境界。每个人都有自己的梦想，但是想要实现这个梦想，最重要的是要能够坚持下去，坚持下去才能取得成功。说起来，一个人克服一点困难也许并不难，难的是无论遇到什么样的境况，都能够持之以恒地坚持下去，直到最后成功。曾经的失败并不意味着永远的失败，曾经达不到的目标并不意味着永远达不到，实在坚持不下去想要放弃的时候，不妨提醒自己：这个世界在变，身边的人也在变，没准下一秒钟自己的机会就会来临。如果选择未来，那么你是上帝的孩子；如果你选择过去，那么尔可能仍是"弃儿"。这个世界上不会有一直成功的人，也没有永远失败的人。在日常生活中，每一次的绝境都是暂时的，都将成为过去，我们不妨把它看作是一次挑战、一次机遇，如果你不是被吓倒，而是奋力一搏，也许你会因此而创造超越自我的奇迹。

　　古时有"塞翁失马"的故事，讲的正是这种世间万物不断变化的道理，好的事情会转化为不好的事情，不好的事情也有可能会转化为好的事情，万物生生不息，时刻都在变化之中，我们又

何必为一时的失败或者成功沮丧或狂喜呢？只要坚持自己的梦想，时时去努力，事情自然就会朝着好的方向去发展。这其实正符合了付出与收获的因果法则，也是这个世界运转的法则。

古时候有这样一句话："道法自然。"是说大道运化天地万物，无不是遵行自然法则的规律，无不是得自然本源之功，又无不是返归于本根。修正"道法自然"的过程，就是一个寻找并遵循万物生生不息的过程，无论是修身养性，还是实现梦想的奋斗过程，只需让一切自然地运转流行，自然地静，不去刻意强求，自由自在，那就对了，又何必因为眼前暂时的挫折烦恼呢？保持努力才是我们每一个人的成功之道。

教子小贴士

1. 告诉儿子，没有人可以永远一帆风顺。

谁都有可能去面对糟糕的局面，这是再正常不过的一件事情，不必因此而想太多，更不能因此而怀疑自己，兵来将挡，水来土掩，冷静地去处理就是了。

2. 教会儿子学会等待转机。

如果觉得走入了绝境，前面再也没有路可走了，这个时候不妨让自己停一停，放下手头的所有事情，这样你就会看到很多之前看不到的问题和线索，这将有助于你发现新的方向和方法。

53.

既然是你自己的选择，就要对自己负责

　　这几天爸爸问你选的航模兴趣课学得怎样，你说太难了，不像你之前想象的那么简单有趣，你都不想再参加了。这让爸爸很是生气，倒不是说因为你之前兴致勃勃地让爸爸给你置办了一堆航模课的工具和材料都浪费了，而是因为你的态度。兴趣课是小事情，但是你这种不负责任的态度是让我不能容忍的。很多时候，自己选择了就要负起责任，不管是对别人还是对自己，都要有一个交代，这是对自己的尊重，也是认真对待人生的态度。如果在这件小事上的态度被你带到日后的人生中去，那么你一定会自食苦果的。

　　爸爸还是先来给你讲一个故事吧：曾经有个老木匠准备退休了，他告诉他的老板自己年纪大了，不想再做盖木房子的手艺活儿了，他知道这样收入会少些，但还是决定退休，想和老伴过过清闲的退休日子，享受晚年的生活。虽然他也会惦记这段时间里还算不错的薪水，不过他还是觉得需要退休了，生活上没有这笔

钱，也是过得去的。

老板舍不得他的好工人走，问他看在多年的交情上是否愿意再帮忙盖"最后一栋房子"。老木匠答应了，但随着时间的流逝，很容易看得出来，老木匠的心已经不在盖房子上面了：他用的是软料、次料，出的是粗活儿，所以手工非常粗糙，工艺做得更是马马虎虎。

老木匠穷其毕生最后的精力，却将这"最后一栋房子"盖得这么坏，真是惭愧！其实，用这种方式来结束他的事业生涯，实在有点不妥！老木匠终于草草地完成了"最后一栋房子"，他请老板来验收。老板来到房子前面，见到老木匠，手里递过一把钥匙给老木匠，拍拍老木匠的肩膀，诚恳地说："这是你的房子，是我赠送给你的退休礼品！"

木匠惊呆了，他震惊得目瞪口呆，羞愧得无地自容。事到如今，返工已不可能，如果他早知道是在给自己建房子，他怎么会这样呢？他一定会用最好的材料、最高超的技术，然而现在呢，却建成了"豆腐渣工程"！可是一切已经来不及了，现在他得住在一幢粗制滥造的房子里！他只能自作自受。老木匠这时痛心疾首，因为他一辈子的英名也就这样毁了，同时还要接受惩罚，让自己人生的最后阶段住在这个让他一辈子感到耻辱的地方。后来老木匠含着对自己的恨离开了人世，在离开人世之前在那座房子大门上装了一个大匾，上面写着："生活是自己创造的。"

你今天的生活取决于昨天的态度和抉择；而你的未来，也会反映出今天的态度和抉择。看到老木匠的故事, 想想自己, 我们又何尝不是这样? 总是漫不经心地在经营我们的生活, 在建造生活这个"房子"的时候, 我们常常是消极应付而不是积极主动, 凡事不肯精益求精、追求卓越, 在关键时刻又不肯尽最大努力, 而让自己做出来的事情不太完美。我们常常找好多理由来原谅自己在生活中不去尽力, 原谅自己在生活中敷衍、懈怠。直到看到自己的成品, 发现将住在自己所盖的"房子"之后, 我们才感到震惊! 猛然间, 我们面对自己目前的局面却措手不及。如果之前就知道自己会生活在自己的作品下, 就不会这样了!

儿子, 爸爸希望你能把自己当成那个木匠去想一想, 想想自己的"房子", 每天当自己要钉一只钉子、铺一块墙板时, 多尽点力, 做仔细点, 自己的生活只有这一次机会去完成。哪怕只能再活一天, 那一天也要生活得完美和高尚。就好比是在营造你的一生一样, 即使只会在里面住几天, 为了那几天, 都要做得好, 住得有尊严。生活是一门自修课, 谁还能比自己更懂自己呢? 自己今天的生活成果是来自于自己过去对生活的态度和抉择, 而明天的生活成果就是自己今天对生活的态度和抉择的结果。如果没有以一个追求卓越表现的态度来经营我们的人生, 我们终将会像那位老木匠一样含恨而去。

这个世界上有很多人以为自己在为别人做事, 所以做好做坏一个样, 自己不必为自己的二流表现承担任何责任, 但说实在的, 如果你一直都这样做事情的话, 相信在你的内心深处也是不

会安宁的。人生需要有敬业的态度，要么不做，要做就要把所做的每一件事情做到最好，这样到我们死的时候，我们才会觉得自己的人生没有白过，因为我们为这个社会创造了不少价值。如果你在你的工作中能创造出一个人见人爱，能流传上百年、上千年的东西出来，我觉得那将是这辈子最大的福气，也是我们对这个社会最大的贡献。

教子小贴士

1. 要告诉儿子：人要有为自己的决定承担责任的责任感。

很多事情无论大小，既然你作出了自己的选择，那么就要为你的选择承担起责任来。这不是事情大小的问题，而是人生态度是否端正的问题。

2. 在生活中要有意识地去培养儿子的责任感。

要利用一切可以利用的机会给儿子灌输这种思维，比如，逛超市的时候，让儿子帮忙拿东西，既然答应了，就不能半路上喊累不干。还有在学习和生活中也要培养儿子说话算数、言出必行的负责任态度，从而给他建立起这种良好的人生态度。

信心是什么? 就是从不轻言放弃

今天爸爸想跟你谈的是信心, 可能你觉得信心就是遇到问题踌躇满志、胸有成竹的样子, 但是爸爸觉得, 信心还有另外一种样子, 那就是不达目的不罢休的人生态度。可能你会说那是执着, 但是是怎么样的一种力量在支持着我们的执着呢? 还是信心。从不轻言放弃, 是一种发自内心的自信, "我坚信我能做到", 这样的自信已经升华为一种信仰, 一个人如果拥有这样的自信, 那么就再也没有什么可以击垮他, 再也没有什么艰难险阻可以令他放弃。儿子, 爸爸希望你的身上能够具备这种坚不可摧的信心和信仰, 古往今来的那些伟人, 无一不是那些具有钢铁般意志和信念的人, 如果你做到了, 那么人生道路上将再也没有什么可以打败你。

曾经有人说过这样一句话: "我不知道怎么定义成功, 但我知道怎么定义失败——那就是放弃。如果你放弃了, 你就失败了, 如果你有梦想, 你不放弃, 你永远有机会和希望。"这其实是一种永不言弃的精神, 即不抛弃、不放弃。对于认定的事情,

不轻言放弃。它强调了一种精神，一种拼搏向上的精神；一股力量，一股不惧万难的力量；一种信心，一种坚信梦想能够实现的信心。

这种永不放弃的信心，是对人生目标的追求，是对人生事业的态度，是一种执着的精神，是一种最重要的品格和智慧。在人生的道路上，我们每一个人都会给自己设计一条奋斗之路，也就是要认准人生奋斗的目标，一旦目标确定，你就要全力以赴，以积极执着的态度来完成各项工作，真正做到永不放弃。然而，人生之事十之八九不如意，一旦遇到失败、挫折时，就需要我们做到不退缩、不动摇。失败并不可怕，可怕的是你被暂时的失败所击倒，从此一蹶不振。

在 1968 年的墨西哥城奥运会，当马拉松颁奖仪式结束一个多小时后，大会得到一个让所有人都吃惊的消息：有个选手还在跑！原来这个还在跑的选手就是阿赫瓦里。他在跑出不到 5 公里后因碰撞而摔倒，膝盖受伤，肩部脱臼，但他并未就此退出，而是一瘸一拐地继续向终点跑去，因为他觉得，自己的比赛远未结束。由于剧痛，他的慢跑比寻常人散步还要慢，他的膝盖不住地流淌着鲜血，嘴角也痛苦地抽搐着。不知什么时候，他身边出现了一名记者，记者不解地问："为什么明知毫无胜算，还要拼命跑下去？"阿赫瓦里坚定地答道："我的祖国把我从 7000 英里外送到这里，不是让我开始比赛，而是要我完成比赛，我坚信我能够抵达终点……"被深深感动的记者立刻发稿到奥林匹克新闻中心，阿赫瓦里的名言不一会儿就通过广播回荡在墨西哥城的上

空，许多已回家的市民纷纷赶到路边，为这位勇敢的选手助威、欢呼。在观众的鼓励下，阿赫瓦里拖着伤腿，顶着满天星星，走入了专门为他打开灯光的体育场，几乎是一码一码蹭到了终点线。他被当作英雄般簇拥着，受到了远比冠军更隆重的礼遇。奥运成绩册上，他的名次是：75 人中的第 57 名，排在他之后的 18 位选手，都是因各种原因中途退场的。

正是心中的那一份执着的信念，支撑着阿赫瓦里坚持到了终点，对于比赛本身而言，他并没有赢得胜利，但是对于他自己而言，他是一个胜利者，他战胜了自己，他履行了自己最初对自己的承诺，也赢得了观众们对他的尊敬和认可，虽然他的名次是第 57 名，但是相对于剩下那 18 位自行放弃比赛的选手而言，他也是胜利者，意志的胜利者。这种坚持到最后一刻的精神，就是每个人心中对于梦想和未来的那份执着。只要拥有这份执着，我们就一定能够看到梦想实现的那一天。

其实，很多时候，成功与失败的差距往往仅一步之遥。很多人不肯迈出最后那一步，是因为前面大部分的困难已使人疲惫不堪，这时候一个微小的障碍就会让我们难以支撑，导致前功尽弃。其实，只要咬紧牙关坚持一下，胜利就近在眼前了。对此，萧伯纳曾经说过："多走一步，就可以缩短一步接近成功的距离。胜利就在前方，你的任务就是坚持，就是再多走一步。"

人生的道路上，我们不论遇到什么事情，不论经历多大的坎坷，都不要往两边看，更不要回头看，我们要坚守自己的信念脚

踏实地地往前走，再苦再难也要坚持下去，坚持到底就是胜利。许多成功者与失败者的区别往往不是机遇或是更聪明的头脑，而是成功者多坚持了一刻——有时是一年，有时是一天，有时，仅仅是一步之遥。

对于生命而言，它的可贵在于坚持不懈地向自己的目标努力。也许在通向成功的路上你会遇到无数的艰辛与困苦，但是只要再坚持一下，就能收获成功的喜悦。坚持能带给我们信念，能带给我们自信，能带给我们动力，坚持到底就是胜利。只要生活还没有放弃你，你就不应该自己放弃。在人生艰难的境地中，如果看不到希望，不妨告诉自己：很快就可以胜利了，再坚持一下。就这样不断坚持下去，你就一定能收获成功。

所以说，无论你的人生梦想是什么，如果能够拥有这份坚持不懈的毅力和信心，就一定会得到命运女神的垂青，成为人生的佼佼者。

教子小贴士

1. 要让儿子明白：努力虽然不一定会成功，但放弃一定会失败。

坚持就是胜利，在最后一秒还未到来之前，结果永远是个未知数。这也是拼搏人生的魅力所在。每当你坚持不下去，想要放弃的时候，不妨告诉自己：一锹挖不成水井，成功需要积累，成功需要坚持。每一位成功者都知道，要想获得成功，就要有一种持之以恒、不到最后一刻不下战场的信心和信念。

2. 告诉儿子，只要能够有信心坚持下去，无论结局是好还是坏，最起码，已经比那些半途而废者强了太多太多，至少，我们的人生将不会有遗憾。

陷入困境之时不要企图去依赖任何人

儿子，爸爸之前告诉过你，遇到超出自己能力的问题时，要学会去寻求别人的帮助，学会运用身边的力量去帮助自己达成目标。但是这样做的同时，你还要让自己避免养成依赖别人的习惯。爸爸那天只不过是看你学习太晚帮你分析了几个辨析题目，结果后来你几乎每次做这样的题目都要来跟我请教，这可不是个好现象。一旦你养成了依赖的坏习惯，不仅会让自己的潜力再也没有发挥的机会，而且会给别人留下很不好的印象。将来步入社会参加工作之后，这种依赖的毛病更是不受欢迎的，必将会对你的人生产生很大影响。所以爸爸不希望你遇到问题时首先想到的是如何寻求帮助、如何依赖别人，这个步骤是不正确的，你首先应该做的是最大限度地去发挥自己的力量。

爸爸给你讲一个前些年亲身经历的小事情吧，有天下午爸爸

下班回家，路上看到一位盲人在马路边迟疑，我赶紧走几步搀扶他过了人行道。"你上哪儿？我送你去吧。"爸爸觉得他一个盲人出门在外挺不容易的，刚好那天下班早也有时间，就问他。这位盲人笑了笑："不麻烦你了，你送我一程，可你不能送我一辈子啊！"他一边说一边用手杖探路，小心翼翼地向前走去。

爸爸觉得这位盲人说的话相当有哲理，生活中那些遇到困境总是环顾左右、希望别人拉一把的人，可能会较快地逃离暂时的不幸，但人生还有无数困境仍在不远的前方等待着，他们一旦失去外界的援助，大多在困境中不能自拔，甚至自甘堕落。而在困境中懂得自救的人，也许要在困境中多熬一段日子，但他从中领悟了战胜困难的信心和勇气，再次面对困境时，就能变得从容、机智、临危不乱。人生是一个漫长的过程，注定要靠我们自己的足印一步步走过去，没有谁能做你永远的救星，即使是你最亲近的父母。

古时候还流传着这样一个故事，讲的是有一位少年，他的父亲临终前告诉他："儿啊，我留给你两件宝贝，有了它们，你便能得到财富。"父亲去世之后，这位少年冥思苦想，找遍了家中每一个角落，连后院也翻了个底朝天，可他始终没有找到父亲口中所说的两件宝贝。有一天，一位老爷爷看他心事重重，便走到少年面前，问起来。少年将事情认认真真地与老者说了一遍。老人听了之后哈哈一笑，便告诉了少年："宝贝就是你的头脑和双手。"此时的少年茅塞顿开，恍然大悟，终于明白了父亲所说的话是什么意思。从此以后，这个少年用这两件"宝物"创造了许

多许多的财富。虽然这是一个故事，但其中所蕴含的道理是深刻而明显的，它教育我们无论想得到什么，都不能依赖什么"宝贝"和外在的东西，只有双手才是真正的财富。要想获取幸福与成功，必须付出努力与代价，否则，无论是伟大的梦想还是小小的愿望，都只能沦为空谈。

爸爸在工作中也见到有不少刚刚走出校门的年轻人，他们在刚参加工作时面对自己从未接触过的工作，一时有些手足无措，每当领导交给他们工作任务时，总是要问一句该怎么办，长此以往就会出现依赖心理，只会被动服从，不会主动开拓。那些成功的人很早就明白，任何事情都要自己主动争取，并且要为自己的行为负责。没有人能保证你成功，只有你自己；也没有人能阻挠你成功，只有你自己。要想获得成功，你就必须敢于对自己的行为负责，没有人会给你成功的动力，同样也没有人可以阻挠你实现成功的愿望。

因此，每个人在工作中都要善于运用自己的力量，并且充分调动自己的主观能动性，一旦养成了率先主动的工作习惯，就掌握了个人进取的精义。那些以无比的热情看待自己的工作和事业的人，总能发掘出无穷的机会。相反，那些被动的人只能永远等着别人给他们安排任务，而且还要推脱搪塞，在这同时，他们也推掉了机会。只有率先主动，才会让雇主惊喜地发现你实际做得比你原来承诺的更多更好。如果你只是尽本分，或者唯唯诺诺，你就无法获得更多的成长。

梦想是实现自我价值的平台。你通过自己积极主动的工作，

运用自身的力量去创造出更多的价值，这其实就是给自己提供了机会，让你实现自己的理想。如果你遇到问题总是采取一种应付的态度，能少做就少做，能依赖别人就依赖别人，敷衍了事，那实际就是敷衍自己，最后品尝苦果的也只能是自己。

国外从小培养孩子独立性的做法颇值得借鉴。在美国，孩子一出生就已拥有自己的小世界：一个成人的房间。在婴儿期，他们的天地是床而非母亲的怀抱；孩子出世以后就单独睡，不跟父母挤在一起；当孩子能够自己捧着奶瓶时，就由母亲灌好奶，让孩子自己抱着去喝；在孩子能够抓起勺子时，就不再给孩子喂饭；孩子需要方便时，把他放在坐盂上，无须再忙前忙后；给孩子洗过澡后，让他自己在有围栏的床上玩耍；孩子走路几乎都是在学步车里学会的，不用父母把着身体往前走；当孩子摔倒后，父母也很少上前抱起来，而是尽量让孩子学会自己爬起来。这些都是避免孩子产生依赖心理的做法，值得我们借鉴。

教子小贴士

1. 一定要告诉儿子：财富要靠自己的双手去挣，不能依赖他人。

财富来自于一个人的独立、智慧、坚强和勤劳，而非来自于父母的钱袋。孩子懂事后，更不愿依赖父母，在他们看来，独立与否是一个有关个人荣誉的大事。

2. 让儿子明白，靠别人提供优越条件建立起来的成就是不稳固的。

父母不可能为子女一生都摭风挡雨，只有让他们自己把人生的根扎得更深，培养他们一种坚强的品格和吃苦耐劳、坚韧不拔的精神，才是给儿子的一笔最大的财富。

做任何事情都要有始有终

　　那天在你的坚持下给你买了两只小乌龟，你很高兴，又是给乌龟喂食换水又是上网查一些关于养乌龟的知识，忙得不亦乐乎。可是这股热乎劲儿持续了不到半个月，渐渐地，每天两次喂乌龟的程序也被你省略为一次了，每天睡觉前也不去看它们了，也懒得给乌龟换水了。爸爸觉得，这不是个好现象，既然这两只乌龟是你坚持要买的，而且你也承诺要照顾好它们，就应该有始有终。虽然爸爸有空的时候给它们喂喂食、换换水并不值一提，但是爸爸坚持要由你去做，如果你连这么一点小小的责任都不能善始善终，那么爸爸还能指望你去做什么大事呢？这是一种认真负责的态度，不管做什么事情，一定要记住：有始有终才能做到最好。

　　爸爸给你讲一个从前的故事吧，说是古时候有个叫乐羊子的

人，他外出求学，一年后，乐羊子回到家中，妻子问他为什么这么快就回来了。乐羊子说："出行在外久了，心中想念家人，没有别的特殊的事情。"妻子听后，就拿起刀来快步走到织机前说道："这些丝织品都是从蚕茧中生出，又在织机上织成。一根丝一根丝地积累起来，才达到一寸长，一寸一寸地积累，才能成丈成匹。现在如果割断这些正在织着的丝织品，就会丢弃成功的机会，延迟荒废的时光。你要积累学问，就应当'每天都学到自己不懂的东西'，用来成就自己的美德；如果中途就回来了，那同切断这些丝织品又有什么不同呢？"乐羊子被他妻子的话感动了，又回去继续修读自己的学业，7年都没回家，最后终于有所成就。

这个故事其实是在告诉人们，良好的责任感是要靠坚强的意志力和持之以恒的态度来维持的，儿子，这也是爸爸希望你能够具备的态度。你的好奇心很强，兴趣爱好也很广泛，但是缺乏耐性和自制力，遇到一点困难和挫折就容易打退堂鼓，不愿意再坚持下去。这虽然是大多数孩子在成长中遇到的问题，但是爸爸还是希望能够让你增强责任感，做事情能够有始有终、负责到底。

作为家长来说，我们一定要明白：孩子在成长的过程中因为环境的原因存在着各种差异，做事情常常会出错，这些情况都很正常。但是父母在教会孩子做事的时候一定要有耐心，要耐心等待，一定要注重做事情的完整性。绝不能因为孩子叠不整齐床铺、整理不好书桌、没有洗干净袜子或动作慢就帮着孩子做。要知道，孩子的责任意识就是在不断的实践体验中获得的，如果孩子的所有事情都是由父母代劳，那么孩子就得不到这种宝贵的心

理体验。因此，孩子的责任意识也就得不到强化和提高。如果父母过于看重结果，在孩子做得不够好、不够快的时候对孩子进行责备和埋怨，或者为了节省时间而取而代之，这非但不能增强他们的责任意识，反而还会使孩子的积极性大受打击，同时还创造了机会让孩子逃避责任，养成做事情虎头蛇尾的坏习惯。我们一定要教育孩子做事情要有始有终，不能半途而废，平时交给孩子的任务，不管事情有多小，我们也要督促、检查，并对事情的结果进行评价，以便培养孩子认真负责、持之以恒的好习惯。

做事情有始有终对于成功而言是非常重要的，也许你现在还并不能体会到其中的利害关系，但是看了下面这个故事之后，我想你一定会有新的收获。说是有一名运动员，她很出色，可以说家喻户晓，包围在她身边的是成功的花环。当她 25 岁的时候，她作出了令人惊讶的决定：她想横渡英吉利海峡，创造一个新的世界纪录。那天，海面上弥漫着浓雾，海水冰冷得刺骨。她已经在海里游了 18 个小时，她的嘴唇已经冻得发紫，全身一点力气也没有了。这时，她抬头看向远方，看到只有浓雾，根本就看不到海岸。

"现在还没有看到陆地，看来这次是失败了。"她这样想着，身体就真的是一点力气都没有了，甚至一点都前进不了了。

"拉我上船吧！"她对旁边补给船上一直跟着她的人说。

"你再咬咬牙，坚持一下，很快就到了，现在只有 1 英里了。"所有人都在鼓励她。

"别骗我了。如果那么近，为什么我还是看不到海岸？我已

经坚持不下去了，快，把我拉上去吧！"

于是，人们把她拉上了小艇。

小艇迅速地向前驶去。一杯热咖啡的工夫，她就看到了海岸，还看到了那些在陆地上等待她胜利消息的人群。这时她才知道，大家说的是实话，并没有骗她，就差 1 英里，她就可以创造世界纪录，她很后悔自己当初没有再坚持一下。

这个故事就好像我们生活中的许多经历，有太多的事情都是因为种种原因而半途而废了。一个人良好的责任心的维持是要靠持之以恒的态度和坚强的意志力的，而很多人恰恰就没有。父母在培养孩子责任心的时候，一定要注意培养孩子做事负责到底、有始有终的良好习惯。让孩子去做的事情，要从小到大、从易到难，还要父母全程监督，一旦发现问题就要及时地纠正，不要让孩子做到一半就放弃，直到孩子圆满地完成这件事情，然后夸奖孩子有这个能力。

教子小贴士

1. 生活中要注意培养儿子做事有始有终的习惯。

比如事前与孩子交流、协商，制定合理的目标，当孩子不肯完成时不能轻率迁就，如果并不是因为难度过大而难以完成，就要态度温和地督促孩子做好。也可以在降低难度水平之后让孩子看到自己努力的效果，鼓励他继续努力。

2. 如果孩子一件事情没有做好，父母切忌批评唠叨，更不要讽刺、挖苦，这样做很容易使孩子产生逆反心理，适得其反。

一定要坚信自己是与众不同的

儿子，在爸爸心里，你永远都是与众不同的，爸爸希望你自己也能够有这样的想法和信念。人们经常说，一个人最大的敌人是自己。对于人生而言，外在的挑战虽然严酷，但不管能不能克服，总会有过去的时候；眼前遇到的困难挫折再大，也总有结束的那一天，所有的苦难终究会过去，唯有内心里那个自我永远不会消失。因此，如果缺乏自信心，你的生命就无法摆脱它的控制。唯一能令自己摆脱挫折困扰的就是相信自己。

也许有人会问，为什么我们该相信自己？因为在这个世界上，每个人都是与众不同的，一个人所能做到的事，别人不一定做得来；而且，你之所以为你，必定有些相当特殊的地方——我们可以称之为特质吧！而这些特质又是别人无法模仿的。既然别人无法模仿你，也不一定做得来你能做得了的事，试想，他们怎么能给你更好的意见？他们又怎能取代你的位置，来替你做些什么呢？所以，这时你不相信自己，又有谁可以相信？况且，每个来到这个世上的人，都是上帝赐给人类的恩宠，要是你不相信的

话，不妨想想：有谁的基因会和你完全相同？有谁的个性会和你一毫不差？上帝造人时即已赋予每个人与众不同的特质，所以每个人都会以独特的方式来与他人互动，进而感动别人。

基于这种种重要的理由，我们相信，你有权活在这世上，而你存在这世上的目的是别人无法取代的。每一个人都是独一无二的，其实，我们很容易在要求自己改变的同时却忘记了我们本来就是与众不同的。是的，我们自出生起，不是最漂亮的，不是最优异的，却永远都是父母眼里最重要的宝贝、最引以为傲的孩子，在他们眼里，我们就是独一无二的。随着岁月的流逝，我们长大了、工作了、恋爱了，也许在工作中我们只是一个普通得不能再普通的职员，但是在爱人眼里，我们依然是独一无二的。我们的坏脾气、我们的缺点、我们的平凡，在爱人看来都是独一无二的。再后来，我们结婚了，有了自己的子女，我们也一样视自己的子女如珍宝，同样地，我们在子女的心目中，我们也是珍宝，我们在子女心目中的位置是什么都取代不了的，尽管，我们不是最优秀的，但我们却是他们眼中最重要的独一无二。我们从出生的那一刻起，我们的一生就注定是独一无二的。

因此，我们一定要相信：在这个世界上，我们每个人都是与众不同的，我们的思想、我们的内在都是别人无法模仿的。我们都可以信心十足地活出自我的精彩 。人生最大的成功不在于成就的多少，而在于你是否有努力去实现自我，喊出自己的声音。

爱尔兰伟大的诗人叶芝未成名之前，曾把自己的《诗集》寄给一家出版社，结果稿子被编辑退回，并劝他说："你的作品念

起来毫不悦耳，又不能让人燃烧起想象力，而且也不能启迪思考，看来你不是一块写诗的料。"然而，叶芝并没有听从这位编辑的劝告，而是更加坚信自己的诗歌是与众不同的，并且以更大的激情投入创作。后来，他不但成了著名的诗人，而且还因此而获得诺贝尔文学奖。英国的剧作家萧伯纳，其代表作是《人与超人》，然而当初也惨遭退稿，退稿人还一再告诫他："你永远不会成为一般人心目中的流行作家，你从事写作的话，甚至连一点儿钱都赚不到。"可是，许多年以后，他不但成了伟大的剧作家，而且还因《人与超人》而被提名并获得诺贝尔大奖……

　　其实，实现梦想的道路从来都不是坦途，只要你渴望干成一件事，并且一直为此而奋斗着，那么就不可避免地会引来许多闲言碎语，每一个人都自以为高明，都想给你一些"忠告"，如果你听信了这些话，放弃了自己最初坚持的道路去走他们告诉你的"捷径"的话，那你一定取得不了叶芝或萧伯纳那样的成功，因为他人的"忠告"、"捷径"，并不一定适合你的梦想。每一个人都是与众不同的，每个人的梦想自然也是独一无二的，你必须铺就属于自己的梦想道路。

　　每个人都要相信自己的能力，相信自己的智慧，相信自己的意志，相信自己的与众不同，相信自己一定能够创造生命的奇迹，相信自己不是他人能一眼看到底的浅塘，而是一汪浩瀚无边、深不可测的大海，只要是你想干成的事，只要我们能够为之坚持不懈并且付出最大的努力，就一定会取得最后的成功。

　　其实，我们每一个人都好比是无边无际的大海，那蔚蓝色的

海面下蕴藏着深不可测的智慧和能量，只有你自己才最了解自己内心的能量，最明了自己生命的价值，最懂得怎样才能将自己的梦想变成现实。那些不相信自己实力的人，不相信自己与众不同的人，他们心中的自己只是一口浅浅的水塘，既蕴藏不了巨大的能量，也起不了丝毫的波澜。这样的人只注重他人对自己的评价，以为从他人的口中就可以看到真实的自己，这种错误的想法让他们失去了与生俱来的那种与众不同的气质，到最后，只会让自己的一切都淹没于他们的评价之中，一蹶不振，再也找不回真实的自己。

教子小贴士

1. 要让儿子明白：每一个生命都有其不同的天赋、兴趣、气质和特点等。

告诉儿子：每一个生命都是独一无二的。让他知道他是独一无二、与众不同的，也是无可替代的，无论他身上有多少缺点和不足，他的生命都是有价值的。

2. 告诉儿子：信任是相互的，与众不同却可以是绝对的。

日常生活中，我们不仅要承认孩子个性的差异，而且要懂得欣赏差异。生命教育要有大自然般博大的胸怀，个性的完善同生命意识是有很大关联的。

第八章
孩子，永远不要停止求知的脚步

　　学习对于一个人来说，应该是贯穿一生的主题。虽然爸爸看着你面对繁重的学习任务也会心疼，但是一个人一生中没有哪个阶段可以像你现在这样拥有如此多的学习机会和时间，把握它们，努力地充实自己吧！

做事情要有计划，学习更是如此

渐渐地，你的作业越来越多了，学习压力也一天天大了，爸爸看在眼里，也很心疼。不过通过这些天我对你学习状态的观察，发觉你也挺认真的，但是似乎缺乏一点计划，比如，每天回来做功课如何安排时间，以及每一门课程按照什么样的步骤去学习没有明确的思路，每天你的学习桌上都堆满了书本、作业本，乱七八糟。很难想象你在这样的状况下能够保持一个清晰的思路。爸爸希望你在学习中学会制定目标，学会制订学习计划，因为这项技能对你以后的人生意义重大，人生何尝不是一种规划呢？从学习做起，从小事做起，爸爸希望你能够学会计划。

对于爸爸指出你学习时桌子太乱的问题，可能你会辩解说因为现在的课程实在太多，任务实在太重，以至于你根本没有心思去整理书桌，但是爸爸要说的重点不是整理书桌，而是整理你的思路。思路清晰了，学习起来的效率也会提升，会有事半功倍的效果。比如你每天晚上回来都要完成各种作业和课程，能不能在进行之前先大致地分一下类，安排一下时间呢？然后按部就班地

去完成，这样不仅可以提升效率，而且可以避免你面对一个乱糟糟的书桌时产生烦躁情绪。

曾经有一位叫作山田的日本著名的马拉松运动员，他曾在1984年和1987年的国际马拉松比赛中两次夺得世界冠军。记者问他凭什么取得如此惊人的成绩，山田总是回答：“我不仅凭借自己的体能，更重要的是凭借我的智慧！”

有点体育常识的人都知道，马拉松比赛主要是运动员体力和耐力的较量，爆发力、速度和技巧都还在其次。因此对山田本一的回答，不少人觉得他是在故弄玄虚。又过了10年，这个谜底被揭开了。已经退役的山田在自传中这样写道：“每次马拉松比赛之前，我都要乘车把比赛的路线仔细地查看一遍，在这个过程中，我会把沿途比较醒目的标志画下来：比如第一个标志是某个酒店，第二个标志是一个十字路口，第三个标志是一座公园……这样一直统计到赛程的结束，随后我会把我的整个赛程列成一张计划，每一个标志就是我计划的分解目标，把它们牢牢记在心里。正式比赛开始后，我就以百米的速度奋力地向第一个目标冲去，到达第一个目标后，我又以同样的速度向第二个目标冲去。就这样，40多公里的赛程被我在事先的计划中分解成几个小目标，这样跑起来就轻松多了。最初的时候，我只是简单地把我的目标定在终点线的旗帜上，结果当我跑到十几公里的时候就已经疲惫不堪了，因为我没办法掌握整个比赛过程的节奏，脑子里一团乱，很容易就丧失信心了。”

其实，无论是学习，还是我们人生中的每一个梦想，都像是一

场马拉松大赛，我们要想取得最后的成功，就要学会去计划，试着把每一天的努力作为一段小赛程，每天都要有一个明确的目标，并且通过自己的勤奋努力完成每一个小目标，这样日复一日、年复一年，我们就可以在完成一个一个小目标的基础上来实现我们人生的大梦想。我们如果是为了追寻成功而经营我们的人生，那就应该为了事业的顺利发展而制订具体的计划、设立具体的目标。我们经常听到有人说"我一定要成功"、"我要拥有自己的房子、汽车"，"我发财后要捐助希望工程"……很多人都有类似的愿望，但这是真正意义上的设立目标吗？当然不是！这绝不是目标设立，这是喊口号。喊口号就像写下一个个伟大却空洞的梦想一样简单，而若是想要把这些口号和梦想变为实实在在看得见、摸得着的成功，则需要我们设立更加具体、更加具有可行性的详细计划。

首先，我们设立的每一个具体目标必须是具体的，才能促使我们集中注意力、全神贯注地追求目标。而且，这些目标必须是可执行的。我们可以尽自己所能去梦想，也许目标非常远大，但只要是可达成的目标，一定可以分成远期、中期、近期来逐一完成，再以终极目标为引导，做一个详细的计划，让每一个小计划的成功来堆砌大计划的成功，如此由近而远、由小而大，必能达成目标。

具体到学习来说，拿晚上的功课为例，你可以根据每一门课程的学习量安排一下时间，几点到几点学哪一门，到时间完成之后，就把桌子收拾干净，重新拿下一门课程出来学习，这样你的思路会更加清晰，学习效率一定也会提高不少。这样的方法对于你的人生同样意义重大，因为我们无法长生不老，所以应在有限

的生命中去实现自我，然而实现自我的过程正是每一个计划配合一定时段的完成，不断地重复，最终变成了成功，所以在设立的每个目标中应该订下确切的完成时间，否则将会使目标不断拖延，而后和下个目标重叠，永无完成之日，所谓"明日复明日，明日何其多"便是形容这种情形的。

因此，不要小看计划的作用，它会给你的学习带来非常大的帮助。在你未来的人生道路上你同样会发现：认真努力去实现每一个小的目标，便是朝着梦想成功的方向坚持不懈地努力。实现所有的目标，便是我们最终的成功所在。

教子小贴士

1. 教会儿子结合自己的学习情况确立学习目标。

比如在数学上，儿子一向做事比较认真，所以计算没有问题，但是应用题的理解能力比较差。所以，可以引导儿子，让他把学习数学的目标定为提高对应用题题目的理解能力，同时也要加强语文阅读理解能力的学习。

2. 及时提醒他对计划完成情况和质量进行评估。

对于计划完成较好的孩子，定期对计划事实情况进行总结评估是一个最佳的鼓励，让他看到自己的进步，从而对以后的学习充满信心；而对于计划完成不好的孩子，计划评估可以发现孩子在完成计划过程中出现的问题，究竟什么地方不太符合孩子的实际情况，并把此作为调整学习计划的依据，使计划执行起来更有效。

59.

如果你能够提出新的问题，我就会奖励你

    随着你渐渐长大，爸爸眼中的你安静了许多，你再也没有像小时候那样整天围着爸爸问这问那，就好像一个会跑的"十万个为什么"，这看起来似乎是爸爸的解脱，因为可以不用整天被你烦了，但是随之而来的另一个问题困扰着爸爸，就是你好奇心的减退似乎也波及了你的学习。你对于有些课程明显表现出不感兴趣甚至厌烦的态度，这样的情况下又怎么能学好它们呢？爸爸真希望你能把曾经的好奇心用在学习上。为此爸爸跟你商量，如果你能够在学习的过程中提出更多的问题，就会增加这个月带你去郊游的次数，结果你的积极性大大提高，那门你原本不喜欢的课程，成绩居然也有了明显的改观，这也表明，好奇心和提问是增长知识最有效率的助推力。

    儿子，想必牛顿与苹果的故事你已经听说过了，物理学家牛顿小时候看到苹果熟了掉下来很好奇，他想，地球上的东西失去了支持后为什么都掉到地上来，而不会向其他方向掉呢？后来，他终于发现了万有引力定律。这样一个伟大的成就，其实就源于

一句最简单不过的"为什么"。这个世界上有很多伟大的成就，背后的推动力非常简单，那就是人们的好奇心，好奇心引领着人类探寻世界上一个又一个未知的谜题，同样，好奇心对于你的学习来说也是一股无比巨大的推动力，如果你善于运用它，你会发现，再难的课程在好奇心面前也会变得不堪一击。

　　爸爸有一次在公交车上曾经被一位妈妈跟儿子的对话吸引。这位妈妈 30 多岁，儿子不过四五岁，他们的对话真是棒极了。汽车开到大石桥，妈妈问："我们乘了几站？"儿子说："我们乘了两站。""还要乘几站到家呢？"儿子回答："还要乘 4 站。""从幼儿园到家一共是几站呢？"儿子回答："$2 + 4 = 6$。"到这里问题还没有结束，妈妈又问："一共是 6 站路，假如我们已经乘了 3 站，那么离家还有几站呢？"儿子答："3 站。"妈妈又问："你是怎样算出来的？"儿子又答："$6 - 3 = 3$。"这位妈妈显然利用了儿童好奇心比较重的心理而采用了"提问题"的方法使孩子在日常生活中不断地积累智慧。在生活中，相信会有许多家长说："我的孩子就是某门课程不行，怎么学也学不好，是为什么呢？"这样的家长最应该向这位妈妈学习了，从孩子的好奇心切入步步引导，然后让孩子慢慢地形成爱动脑、好观察、善思考的良好习惯，是最轻松的学习方法。

　　每一位爸爸可能在面对儿子的好奇心时都有抓狂的经历，觉得他们简直有问不完的"为什么"，而且会因为好奇把家里弄得一团糟。但是我们必须明白，应该努力去挖掘和保护孩子的好奇心。独立思考能力强的孩子往往具有较强的好奇心。孩子拆散了

钟表或弄坏了玩具，我们不要给他们惩罚和责骂，而是要耐心引导孩子弄清楚这些器具的机械原理。我们还可以鼓励孩子设计一些小东西，这样，不仅满足了孩子的好奇心，还让孩子通过自己动手而学到新知识。

曾经有一位公司的科技人员面临一个相当具有挑战性的研究课题：用什么方法去掉旧家具或墙上的油漆？大家先后提出了很多方案，然而实验结果都无法达到要求。这时有一位工程师在休息时开了小差，走了神。他突然回忆儿时的情景：每到过年时候，小伙伴们都会一起放鞭炮，导火线一点燃，噼里啪啦一通震天响，裹爆竹的纸就会炸得漫天飞舞，铺天盖地……这时他的脑海里突然冒出一个想法：要是可以在油漆里放点炸药，当需要油漆剥落时用炸药将油漆炸掉就太好了……他说出了这个近似异想天开的想法，同事听了之后都乐不可支：这不是孩子的天真的想法吗？可是，这位工程师并没有因此而放弃自己的想法，而是换了另外一个角度去思考这个想法的可行性，他沿着这条思路不断地探索、研究、改进，终于发明了一种可以加入到油漆中的物质，把这种特殊物质加入到油漆中，油漆本身的特性并不会改变，可一旦把另外一种物质加入进去之后，油漆马上从附着物上干干净净地剥落下来，这种物质就是当初这位工程师脑子里的"爆竹"，正是他的好奇心最终解决了这个科研难题。

在日常生活中，孩子们的好奇心有时常常会被成人埋怨、指责甚至最终失去。这也正是每一位爸爸需要去反思的地方。也许我们受传统文化影响太深了，过于重视父母、老师的权威，以致

对孩子的教育太刻板，要求太挑剔，这样会导致孩子们渐渐丧失问"为什么"的能力。瑞士普经有一位著名的教育心理学家说过："教育的主要目的是培养能创新的人，而不是只会重复前人已经做过的事的人。"每一个爸爸都要学会尊重儿子那些异想天开的提问、想法，这些问题背后有可能蕴含着深刻的道理。一个不允许儿子问"为什么"的爸爸必将扼杀孩子的好奇心和想象能力，从而也扼杀了他的创造力。

好奇心对于人类而言，其实就代表着创造精神。创造精神是独立思考的一个重要成分。人的创造才能不是天生的，而是后天学习得来的。良好的创造氛围可以促使创造人才出现；不良的甚至恶劣的环境则会扼杀创造人才的出现。没有人一出生就是创造者，也没有哪个孩子一出生就可以学好每一门功课。在科学的殿堂里那些能够拥有一席之地的往往都是那些敢于提出新问题、新想法的人，他们往往独辟蹊径，自成一家。任何一个新的理论刚提出时，都可能被人们嘲笑，甚至被人们骂作是疯子，他们的成功都归功于敢于问"为什么"，敢于坚持自己的观点，敢于向权威挑战。

教子小贴士

1. 每一个爸爸都要珍惜儿子口中的"为什么"。

在提问这件事情上，爸爸要学会去维护孩子的自尊心，千万不要因为孩子的问题太过于荒谬而嘲笑或批评他；相反地，对孩子超出常理的思考方式应该予以鼓励，这种非比寻常的思维很可

能是今后科学创造的开端。独立思考意味着在思考问题时要具有新颖性、独创性和积极主动性。独立思考是科技发明、文学艺术创作的源泉，从小培养孩子独立思考的能力，不仅为他们往后的成功打好基础，也有利于他们目前的学习。

2. 告诉儿子，不光要学会提问，还要学会自己动手找答案。

要刻意去培养儿子独立解决问题的态度和思路，遇到一个"为什么"，不仅要敢问，还要能解决。有些时候老师、同学或者家长并不能给你答案，这时候自己应该如何去利用现有的条件去寻求问题的答案和解决方法，这才是孩子最需要的。

在这门课程上，你简直是个天才

有天吃晚饭的时候，你突然对爸爸说，某某同学笨死了，居然连语文都不及格，语文这东西简直都不怎么需要用功就可以学好的嘛。爸爸很奇怪，问你为什么，你说你在语文上下的工夫不及其他课程的1/10，觉得语文非常容易就学好了。爸爸仔细回想了一下，最明显的是你从小在阅读速度上就有着非常惊人的表现，之前，爸爸觉得可能是你从小喜欢阅读熟能生巧的缘故。现

在听到你这样说，爸爸觉得也许这要用另外一个词来解释：天赋。你从小就表现出了优秀的阅读和写作才能，作文不止一次被老师表扬过，爸爸也经常在亲友朋友面前以此自豪。而且爸爸发现，你在学习语文的时候，兴致通常都很高，注意力也更加集中，因此语文成绩也更好一些，在这个过程中，到底是你的天赋起到的作用更多呢，还是老师以及父母亲友的表扬起到的作用更多？爸爸一直在思考这个问题。

相信望子成龙是每一个爸爸最大的心愿，都希望自己的儿子能够全面发展，在各方面都拥有过人的表现。不过俗话说得好："金无足赤，人无完人。"古今中外有许多伟人、名人其实都有各种各样的缺点，可他们仍然是伟人、名人。他们并不是没有缺点，而是最大限度地发展了自己的优点。如今，太多的父母因为心态不好的缘故，已经由"望子成龙"发展为"逼子成龙"，他们总是怀着急切的心情希望自己的孩子比别的孩子强，于是总盯着孩子的缺点不放。只要孩子达不到他们的要求，他们就横加指责，想尽一切办法去弥补和督促，而对孩子身上的那些长处总是熟视无睹。

作为父母，我们不能老是盯着孩子的缺点不放，而应努力地寻找孩子的长处，学会用欣赏的眼光看待孩子。孩子毕竟是孩子，当然会有他的不足之处，如果我们经常只把注意力放在孩子的缺点上，否定他的能力，孩子可能会变得比你想象的还要笨。有位著名的儿童教育家说过："与其批评孩子的学习，不如真心地鼓励孩子，这会起到比批评更好的效果。"是的，这就是告诉

家长，与其批评孩子的缺点，不如赞美孩子的优点，鼓励孩子去努力，帮助孩子建立自信心。

发明大王爱迪生在电器方面的发明可以说是数目惊人。但他在学校时，老师都当他是一个十分顽劣的孩子，所以入校3个月便把他开除了。但是他的母亲知道自己的孩子并非一无是处，她不但没有责怪爱迪生，反而给爱迪生的"玩把戏"提供更多的方便，比如安排"实验室"等，全力支持儿子好奇心和想象力的发挥。她知道儿子的长处在于各种创造性的思维，并且去培养这个长处，最终造就了一个伟大的科学家。

无独有偶，据说著名的大文豪马克·吐温早期曾经经商，第一次他经营打字机业务，因受人欺骗，赔进去19万美元；第二次办出版公司，因不懂经营，又赔了一大笔钱，这两次生意失败不仅将多年的积蓄赔个精光，还欠了不少债务。他的妻子了解丈夫没有经商的本事，却有文学上的天赋，于是就鼓励他振作精神，重走创作之路。最终，马克·吐温摆脱了经商失败的痛苦，在文学创作上建立了辉煌的业绩。

中国著名的教育家陶行知说过："人生天地间，各自有禀赋。"每一个望子成龙的爸爸都应该记住这句话。一个孩子来到这个世界上，总有自己的立足之地，总能在某一方面有突出的表现。我们应始终相信这一点。大科学家爱迪生在学校怎么努力也不能把学习成绩搞上去，但是他一旦接触自己擅长的事物，所蕴含的潜能就一下子爆发出来，最终成为闻名世界的科学家。所以，我们做父母的都需要树立新的、正确的人才观，学会发现孩

子的长处。然而发现孩子的长处仅仅是开始，关键在于如何进一步去引导和培养。一旦确认了孩子某方面的长处，就应引导他将特长发挥出来，并制定长远规划和详尽的学习计划，还要坚持实施，这样一步一步提高，才能使其不断发展，这是决定孩子的潜能是否能得到发展的关键所在。

爱迪生是幸运的，有一个善于发现他潜能的母亲，但我们又该如何发现孩子的潜能与特长呢？如果孩子生活在鼓励中，他便会产生自信。做家长的应利用孩子的这一心理特点，无论孩子做什么事，只要他去干，就要给予肯定与鼓励。还要善于发现孩子的点滴进步和成功，给予适当赞赏，使他们积累积极的情感体验。再者，鼓励也包括接纳孩子的失败与不足。因为孩子正是在经历错误与失败的过程中进行学习的，所以，只要孩子付出了努力，家长就要给予肯定和支持，要以宽容的态度对待孩子的过失，千万不要总盯着孩子做得不好或不足的地方，去挑毛病。家长若对孩子否定多、指责多，就会使孩子产生自卑心理。

因此，学会找到儿子的特长并且保持他的兴趣是非常重要的，即使那并不是一项非常引人注目的长处，但也可能是改变他命运的一大财富。这并不仅仅针对他的学业而言，同样，将来步入社会之后，选择职业同样也是这样的道理，最重要的是要让儿子懂得应该选择最能使他全力以赴、最能使他的品格和长处得到充分发挥的职业，把自己安排在合适的位置上，经营出有声有色的人生。人生的诀窍就是经营自己的长处。经营自己的长处能给你的人生增值，反之，经营自己的短处会使你的人生贬值。

就像富兰克林说的那样："宝贝放错了地方便是废物。"在我们人生的坐标系里，一个人如果站错了位置，用他的短处而不是长处来谋生的话，他可能会屡遭碰壁，久而久之，会在永久的自卑和失意中沉沦。我们一定要从小教育儿子保持并且发挥自己的特长，每一个爸爸都要致力于提升儿子的优点，这样才能最大限度地发挥他的潜力。

教子小贴士

1. 不当"马大哈"爸爸。

要想了解儿子的长处，需要当爸爸的学会细心观察，首先你得找到你孩子的长处，这就要靠你平时细心的观察和归纳了。如果儿子的长处是细心、仔细，就可以给他弄一些他喜欢的但是有难度的游戏或者练习。如果儿子的长处是毅力，那就需要培养和学习一样需要长期坚持才能有成效的特长。这些都需要爸爸在日常生活中细致入微地观察和留意。

2. 记得每天晚上和儿子谈心，告诉儿子他的特长和优势所在。

这种谈心一旦成为习惯，可以在潜意识里帮助儿子强化自己的优点和长处，无形中增加了他发挥长处的内在动力。这种主动去发挥长处的做法，要比那些刻意去弥补孩子缺点的做法要聪明很多。

你这么聪明，成绩一定会上去的

儿子，爸爸今天想跟你谈的是"自信"。你已经懂事了，很多时候你对于学习成绩的在意和忧虑甚至要更甚于爸爸。小小年纪的你已经学会了忧愁，你曾经不止一次地说过比如"怎么办呀，还没有复习好"或者"我看这门课我是学不好了"之类的话，爸爸很乐于看到你对学习如此用心，但是却对你的想法和态度并不认同。爸爸认为凭你的聪明和智慧，没有哪一门课程是你学不好的。即便是那些在你看来最难的课程，也仅仅只是因为你没有找对学习方法。无论什么时候你都不要怀疑自己的能力，只有你始终保持信心，才有可能找到属于自己的最佳学习方法，从而全面提升自己的能力和成绩，对此爸爸一直都是信心满满的，希望你也能够提升自己的信心，鼓起勇气去面对。

爸爸先来给你讲一个小故事吧。在 20 世纪的美国，有一天，几个白人小孩正在公园里玩。这时，一位卖氢气球的老人推着小货车进了公园。几个白人小孩一窝蜂地跑了过去，每人买了一个气球，兴高采烈地一边追逐一边玩耍，玩得非常开心。此时此

刻，在公园的角落蹲着一个黑人小孩，他用羡慕的眼神看着白人小孩玩耍，却不敢过去一起玩，因为他很自卑，觉得自己低人一等。当白人小孩的身影消失后，他才怯生生地走到老人的货车旁，用略带恳求的语气问道："您可以卖一个气球给我吗？"

老人其实早就注意到了他，笑眯眯地问他："当然可以，你要什么颜色的？"

小孩鼓起勇气回答："我要一个黑色的气球。"

老人写满沧桑的脸上掠过一丝惊诧，她看了看黑人小孩，立即给了他一个黑色的氢气球。黑人小孩开心地拿着气球，开心得不得了，他松开手，黑色气球在微风中缓缓向天空飘去，在蓝天白云的映衬下显得格外的美丽。

老人眯着眼睛看着氢气球在阳光下越飞越高，又看了看这个黑人小孩子，她用手轻轻拍了拍黑人小孩的脑袋说："记住，气球能不能飞起，不是因为它的颜色、形状，而是气球内有没有充满氢气。一个人的成败不是因为种族、出身，关键是我们心中有没有自信。"

后来，这个黑人小孩终于成为一位赫赫有名的心理学专家。在一次讲座中他讲述了这个故事，并且告诉人们："我之所以能够成功，就是因为卖气球老人的话，她让我有了自己的'氢气'，那就是自信。"

儿子，爸爸希望你能明白，很多时候，解决不了问题，并不是问题本身有多难，而是我们缺乏自信，把问题想得太复杂，而增加了问题的难度。自信对于一个人来说，是人生不竭的动力，它能帮

助我们战胜自卑和恐惧，我们相信自己能成为什么样的人，并且去做了，就必然会成为我们所希望的那样的人。对于我们每一个人而言，人生最大的损失莫过于失掉自信，如果你不甘平庸，就一定要去摆脱自卑和自我怀疑的心理。有人说过：每一个不甘沉沦的人都是造物主最伟大的杰作。爸爸希望你能够永远记住这句话。

无论是在你现在的学习中还是未来的人生道路上，自信都可以带给你勇气，帮你克服自卑和恐惧。一个人的成败不是取决于你的智商和出身，而是取决于你的内心有没有自信。每个人身上都有闪光之处，而自信就是让你闪闪发光的火种。一个人不管在什么时候都不应该只看到自己的不足之处，更不应该用不足去盖住自己的长处，那些成功的人往往都善于运用自己的优势，让它带领你去寻找人生方向，并且把它们锤炼得更加夺目，这样，自信的光环也会始终围绕在你身边。美国著名的思想家爱默生曾经说过："有信心的人，可以化渺小为伟大，化平庸为神奇。"所以儿子，你可以仰慕别人，但是绝对不能忽略了自己；你可以相信别人，但首先最应该相信的人就是你自己。生活中许多事情都是这样的，有很多时候自信并不能够让每件事立竿见影，但是只要我们一直相信自己，就会发挥出巨大的潜能。

对于你学习上遇到的那些问题，爸爸希望你能根据自己的发展特点和个性找出适合自己的任务和要求，然后去确立一个适当的目标，一个你自己确信经过努力能完成的目标，无论大小，从而让自己在不断的成功中培养自信。这个目标千万不要定得过高，以至于超过了自己的实际能力而导致失败，使得自信心屡屡

受挫。同样，你也需要通过顺利地学会一件事来获得自信，哪怕是简单的游戏，这种方法其实是在激发你潜意识中的自信。曾经有美国的教育专家做过一个试验，将一个学习成绩较差班级的学生当作学习优秀班的学生来对待，而将一个优秀学生的班级当作问题班来教，一段时间下来，发现原来成绩相差很远的两班学生在试验结束后的总结测验中平均成绩相差无几。原因就是差班的学生受到不明真相的老师对他们所持信心的鼓励（老师以为他所教的是一个优秀班），学习积极性大大提高，而原来的优秀班学生受到老师对他们怀疑态度的影响，自信心被挫伤，以致学习态度产生巨大转变，最终影响学习成绩。

对于一个人一生的发展来说，自信心所起的作用，无论在智力上还是体力上，可以说都有着决定性的支持作用。一个缺乏自信心的人，便缺乏在各种能力发展上的主动积极性，而主动积极性对一个人综合能力的发挥起着决定性的作用。信心就像人的能力催化剂，将人的一切潜能都调动起来，将各部分的功能推动到最佳状态，可以想象其积累效果是十分可观的。在那些取得非凡成就的人身上，我们都可以看到这种超凡的自信心，正是在这种自信心的驱动下，他们敢于对自己提出高要求，并且在失败中看到成功的希望，鼓励自己不断努力，最终获得成功。

教子小贴士

1. 如果发觉儿子缺乏信心，一定要格外关心。

如对胆小怯懦的孩子，要有意识地让他们在家里承担一定的

工作，比如让儿子给大家带路，每次出门，不管是拜访亲友还是外出旅游，总是让儿子走在前头，为大人们带路，这样儿子在完成任务的过程中能够培养大胆自信的心态。

2. 尊重孩子。

任何有关孩子的事，不管是生活方面还是学习方面，都要尽可能听从孩子自己的意见，即使我们认为是不正确的，也要尊重他的想法，给出诚恳的建议，从不粗暴地予以否定。

3. 告诉儿子，不论是开会、听课、看演出，一律挑最前面的位置坐。

这样做的目的，同样是培养儿子的勇气和进取心态。让孩子相信自己内心深处所确认的东西，把自己质朴的心灵公之于众。只要在孩子心里播下一颗自信的种子，就一定能长成参天大树。

62.

儿子，在爸爸心里，你永远是最棒的

随着年龄的增长，你的想法也越来越多、越来越复杂了，爸爸时常盯着你的小脑袋想：不知道在你小小的脑瓜子里都有着什么样稀奇古怪的想法。而你的想法变多最明显的表现，就是你开

始担忧许多事情，在做的时候你总是会去想：如果犯了错误或者是没做好怎么办，这样的想法其实是不应该有的，因为这是最影响你积极性和主观能动性的想法。凡事考虑周全是你的优点，但是想得太多也不是一件好事，不要总是担心事情朝着不好的方向发展，而且很多时候只要尽力去做了，结果究竟如何，并不会影响你在别人眼中的印象。爸爸经常对你说：在爸爸心里你永远是最棒的。就是想让你明白，很多时候，态度比结果重要，只要你大胆去做，你就已经走在了许多人的前面，少一些顾虑，多一些勇气，大胆行动吧，儿子。

曾经有一位教育界的学者呼吁："哪怕天下所有的人都看不起你的孩子，做父母的都应眼含热泪地欣赏他、拥抱他、赞美他。"他希望每一个家长在教育孩子时，既要看到孩子的缺点，更要善于发现他的优点，学会肯定、赞美与赏识孩子，使孩子在赏识中变得越来越好，越来越聪明能干。对于每一个孩子而言，他们身上难免有不良习惯和弱点，然而对于孩子的种种问题，有不少家长在找不到正确的处理方法时往往会采用批评的方法，结果情况越来越糟。如果适时地采取赞美的方法，以平常心去肯定他们的每一次进步，自然而然就会善于发现孩子的闪光点，欣赏他们的价值，从而树立起孩子的自信心和自豪感。对于孩子的每一个微小的进步都要及时给予称赞和肯定，这样会让孩子认为他是时时刻刻都在受关注的。如果孩子认识到只有他表现得很好，才能得到父母或老师对他的喜爱和赞美，他们就会尽力表现得更好。

其实在每个人的心灵深处，天生就渴望成功，渴望被欣赏、

被赞扬。只要我们用心去观察，就会发现每一个孩子都是好样的！我们要善于发现和表扬孩子的优点，而不是不断发掘他的缺点。我们要学会用放大镜去看孩子的优点，用显微镜去看孩子的缺点，对孩子客观、肯定的评价会增强孩子的自信心，从而愿意往好的方向发展。

爸爸有一个朋友的孩子叫小波，他平时的学习习惯非常差，经常打架，成绩很令人担忧，经常不做作业、上课不听讲，他的爸爸为此苦恼不已，不知道该怎么样去纠正他的行为。后来，班主任周老师发现小波的表演欲望非常强烈，感情也很丰富、个性很张扬。他平时很喜欢唱歌，下课时旁若无人地自得其乐，有时高兴了还带动班级里的许多同学和他一起唱。周老师让他表演给老师们看，他一点都不害羞，很大方，乐此不疲，还知道在多次的表演中改进表演的方法和内容，周老师觉得这个孩子非常有意思，也有可爱的一面，也有他的优点：他酷爱表演。

于是在一次班会活动课时，周老师特地请他上台表演，他受宠若惊，表演得尽心尽力。其中有个节目，他一个人表演两个角色。神态、语气都模仿得惟妙惟肖。表演结束后，周老师在全班学生面前表扬了他。他很开心，那天上课也比平常认真。周老师趁热打铁，下课后马上找他谈心，没有说许多大道理，只是告诉他，他很出色，要是学习认真些，表演的机会会更多。从此，小波明显比以前认真、懂事多了，成绩明显提高，周老师的表扬也不断增多，同学们也越来越喜欢他。后来，他的父亲专程赶到学校，对周老师说："这孩子这学期比以前进步了好多，回家能自

觉做作业，还知道帮大人做家务呢。"

现实生活中，那些成绩差的学生之所以差，是因为我们没发现他们的优点，没激发他们的潜能。做爸爸的更要避免戴着有色眼镜看孩子，宽容一点，耐心找出孩子身上的闪光点，并热情地赞扬，这给孩子带来的鼓励是无法估量的。有时候，在孩子犯错的时候，如果也能善于在孩子的错误中发现优点，用赏识的态度去教育孩子纠正错误，比严肃的批评和打骂更有作用。

对于那些经常犯错误的学生，我国著名的教育家陶行知既没有批评更没有打骂，而是换了一个角度，用充满赏识的心态，从错误中发现学生诚实守信、尊敬师长、为人正直、敢于承认错误的优点，并及时给予赞扬。陶行知用赏识唤醒学生的良知，让学生主动承认错误、接受教育，从而在心灵深处产生改正错误、完善自己的愿望。如果你的孩子犯了错，不妨试一试，从错误中发现孩子的优点，这样的教育方法更易于被孩子接受，并发自内心地愿意改善，能收到"润物细无声"的教育效果。

教子小贴士

1. 一句赞美比一句训斥可能强百倍。

不管起点如何，儿子的每一次进步都值得我们开口表扬一下，希望每一位爸爸都努力去做"育苗大师"，赞美孩子的每次进步，孩子就会越来越走向成功。

2. 给儿子营造充满向上动力的成长环境。

从心理学的角度来讲，每个人都需要赞美。善意的、及时的

赞美实际上是一种投入少、收益大的感情投资，是一种驱使人奋发向上、锐意进取的动力源泉。孩子长期生活在和谐、温暖、信任、赞美的氛围中，就能养成积极向上的健康心理，就能以积极主动的态度去学习新知识、探索新方法、研究新问题，不断地超越自己。

遇到问题，一定要思考、思考、再思考

"爸爸，这个怎么弄!""爸爸，你来帮我看一下!"爸爸最近发现，这两句话几乎成了你的口头禅，不管是学习，还是你发现了什么新奇的东西，接下来必然就是呼叫老爸。对于老爸来说这当然无可厚非，给你充当坚实后盾是应当的义务，但是你这种态度如果任由其发展下去，却是个不小的担忧。爸爸希望看到你在独立思考方面的成长，而不是越来越依赖于爸爸，毕竟爸爸的知识和能力也很有限，如果在那些小问题上放纵你养成了依赖的习惯，那么将来你面临真正的问题时，一旦发现爸爸不能再给你充当后盾，你也许就会陷入六神无主的地步，因为之前你并没有养成遇事独立思考的习惯，这样的后果是非常可怕的，也是爸爸最

担心的事情。

其实，无论是在学习过程中还是日常生活的点点滴滴中，爸爸已经留意到，随着年龄的增长和你身体各方面的发展，你独立思维的能力在增强，但是这种独立思考能力最主要的体现是你自我意识的保护提升的状态，比如不听话、固执，你从一个乖乖听话的好孩子，似乎一夜之间变成了一个小小的叛逆者，最初的时候，爸爸妈妈手忙脚乱又想方设法急于纠正你，结果却是：你越来越逆反，越来越"不可理喻"。后来爸爸发现，其实这些问题的根源还是因为我们做家长的没有及时调整好自己的心态，没有跟上你成长的步伐，因为你开始有了独立思考的能力和自己的想法。这种能力即便是暂时表现为叛逆的形式，也是值得爸爸妈妈高兴的，我们要做的应该是引导，引导你把这种能力转移到你的学习以及日常处理问题的过程中去，这才是正确的做法。

生活中，其实有不少家长犯了像爸爸这样的错误，在教育孩子的时候，往往只是把目光放在孩子的课业成绩上。只要孩子的成绩好，就可以满足他的任何愿望，却疏忽了对孩子独立自主能力的培养。家长们千万要记住：让孩子学会独立思考，才能有意识地去独立做事、独立进行人际交往，别剥夺了孩子独立思考的机会。

美国有位著名的物理学家理查德·菲利普·费曼曾获得1965年诺贝尔物理学奖。在他看来，自己能取得这么辉煌的成绩，和他爸爸从小对他的教育是分不开的。他的爸爸就是一个非常善于引导孩子独立思考的人。比如，他会将自己扮演成外星人，"外

星人"遇到费曼，会问很多地球上的问题，比如："为什么有白天和黑夜的区别啊？""为什么会有气候和天气的变化啊？"在这样的提问情境中，费曼学到了很多知识，也学会了思考。

等到费曼再长大一些，爸爸开始带费曼去博物馆。目的也是为了引导孩子对博物馆产生兴趣，爸爸还是通过提问的方式。他先让孩子自己阅读某些相关书籍，然后再向他提问，对于孩子没有理解的问题，他用易懂的话为孩子解释。费曼对于爸爸的这种教育方法非但没有感到厌烦，相反，爸爸的提问和讨论激发了他的学习热情，他对百科全书上的科学和数学产生了极大的兴趣。他于 24 岁时获得了博士学位，28 岁时担任美国康奈尔大学教授，47 岁时获得了诺贝尔奖。他把这些成就都归功于爸爸对他的引导和教育，是爸爸给了他独立思考的能力，而他凭借这个能力，取得了日后这些辉煌成就。

问题是思考的起点。孩子小时候，脑子里会有很多问题，当孩子向父母提出问题时，父母要和孩子一起讨论，耐心地向孩子解释，父母积极地帮孩子解决问题，孩子就会提出更多的问题。而这种提问的表现其实就代表着思考的能力。有研究机构做过调查，一个孩子将来的成就不取决于孩子的智商，而更大程度地取决于他的思考能力。事实上，以小学为例，小学生的智力与学业成就的相关系数只有 20% 左右，学业成就更大程度地取决于孩子良好的思维习惯，使智力的潜在能力得到充分发挥。认真地思考虽然为孩子解决问题的过程增加了一个环节，却使解决问题的时间缩短了很多，大大提高了学习的效率。

　　养成认真思考的学习习惯对孩子们是非常重要的，它可以帮助孩子加深对知识的理解和记忆，把散落的知识点连结成有机的整体，从总体上把握知识体系，提高学习质量。养成认真思考的学习习惯有利于对书本知识批判地吸收，可以防止"死读书"，提高个人的学习能力。养成认真思考的习惯，还可以不断解开疑团、激发灵感，从而有所发现、有所创造。

　　儿子，前几天你曾经从一本读物上找到一个智力问答题，你拿着来找爸爸，爸爸挠了半天头也没有想出来，后来咱们一起到网上搜索答案，还记得吗，故事是这样的：江上有座东西向横跨江面的桥，人通过需要 5 分钟。桥的中间是个亭子，里面有个看守者，他每隔 3 分钟就出来一次，看到有人通过，就会让他回去，不准他通过。问如何能顺利通过这座桥。最后咱们搜到的答案居然是：从东往西过桥，走了两分半钟就调头来往东走，当看守者出来的时候，就会命令他"返回"，结果他就顺利到了桥的另外一面了。

　　爸爸后来总结，这个智力问答题如果不破除常规，是无论如何也过不了桥的。即便是爸爸，也一时间没有反应过来，说明爸爸的思维能力也是有待锻炼和提高的。爸爸觉得，当遇到难以解决的问题时，要学着引导你去变换各种考虑问题的思路和角度，经过合理的分析和整理、归纳，设想新颖的解决问题的方法，这对于提高你的思维能力很有帮助。拿破仑说："思考会改变一个人的命运。"事实正是如此，有独立思考能力的人才会有创新能力，进而更好地掌握人生。能够独立思考的孩子往往会有自己的

主见，做事不随波逐流，不人云亦云，具有自己的个性和自信，·这也是孩子在学习过程中应该具备的素质，孩子能够独立思考，遇到疑难问题时，就不会向父母寻求直接的答案。

教子小贴士

1. 要让儿子明白：主见比智力更重要。

独立思考能力是优秀人才必备的素质之一，让孩子学会独立思考，就必须给孩子独立作决定、自己做事的权利。

2. 要经常给儿子提出一些问题。

这样做可以让孩子的大脑经常处于活跃状态，通过这种方式来锻炼他的思维能力。我们的问题可以激发起孩子的兴趣，孩子会为了找到问题的答案不断思考。

3. 爸爸要善于给儿子提出开放性的题目，让孩子勇于突破常规，提出自己的独到见解。

比如茶杯的不同用途等，还可以用如何解决突发事件，如"你如果在大街上走丢了怎么办"等类似问题来引导孩子思考，利用这样的方法，让孩子从全面和新颖的角度思考。孩子有新奇的想法，父母不要否定孩子，要允许孩子标新立异，因为标新立异是孩子思维能力的重要表现。